Robert Josef Kozljanič

ANTIKE HEIL-ORT-RITUALE

REIHE NATURRELIGION UND MYTHOLOGIE

2

Robert Josef Kozljanič

ANTIKE HEIL-ORT-RITUALE

TRAUMORAKEL, VISIONSSUCHE UND NATURMANTIK BEI DEN GRIECHEN UND RÖMERN

ALBVNEA VERLAG MVENCHEN

Seldeneckstr. 18
D-81243 München
Tel.: ++49/(0)89/877165
www.albunea.de
info@albunea.de

Herstellung: Books on Demand GmbH, Norderstedt

ISBN 3-937656-04-9

Inhalt

1 EINLEITUNG 7

1.1 Genius Loci und Numen 7
1.2 Daimonen, heilige Orte und Heil-Orte 11
1.3 Natürliche und künstliche Mantik 17

2 ASKLEPIOS-TRAUM-MANTIK 23

2.1 Allgemeines 23
2.2 Inkubations-Ritus in den Asklepieien 27

3 HÖHLEN-VISIONS-MANTIK 35

3.1 Allgemeines 36
3.2 Trophonios-Orakel zu Lebadeia 40

4 APOLLON-MEDIUM-MANTIK 45

4.1 Allgemeines 45
4.2 Apollon-Orakel in Delphi 50

5 HEILQUELLEN-KULT UND QUELLEN-INKUBATIONS-MANTIK 57

5.1 Heilquellen-Kult 57
5.2 Quellen-Inkubations-Mantik 62
5.3 Nympholepsie und das Heiligtum bei Vari 64

6 BAUM-AUDITIONS-MANTIK 71

6.1 Allgemeines 71
6.2 Zeus-Orakel in Dodona 73

7 TOTEN-MANTIK 77

7.1 Allgemeines 77
7.2 Hadeskult 78
7.3 Heroenkult 82

7.4 AHNENKULT 86
7.5 TOTENMAGIE 95

NACHWORT: NATURMANTIK HEUTE? 97

LITERATUR 103

1 EINLEITUNG

1.1 GENIUS LOCI UND NUMEN

In der Antike war man der Ansicht, dass an manchen Orten Geister bzw. Gottheiten wohnten. Die Römer haben dafür einen speziellen Begriff geprägt: Genius Loci – Geist des Ortes. In Herculaneum hat sich ein römisches Wandgemälde erhalten, das wie kein anderes antikes Zeugnis eine anschauliche Vorstellung von dem, was ein Ortsgenius, ein Genius Loci, seinerzeit war und bedeutete, vermittelt. Zu sehen ist ein kleiner Rundaltar, um den sich eine Schlange nach oben windet. Ihr Schwanz berührt die Erde, ihr Kopf befindet sich über dem Altartisch. Die Schlange – durch die unmittelbar rechts neben ihr befindliche Inschrift „GENIUS HUIUS LOCI MONTIS" eindeutig als Erscheinung des „Genius dieser Stelle des Berges"[1] zu bestimmen – isst gerade das auf dem Altar dargebrachte Speiseopfer. Links im Bild ist ein auf den Altar zuschreitender Knabe zu sehen. In seiner Rechten hält er einen Zweig. Auf dem Kopf trägt er einen geflochtenen Kranz. Es wird sich dabei um einen opfernden Hirtenknaben handeln, der – rituell geschmückt – an dieser Stelle des Berges dem Genius für das Wohlergehen

---

[1] Birt, T.: Genius, in: Ausführliches Lexikon der griechischen und römischen Mythologie, hg. v. W. H. Roscher, Bd. I, 2, Leipzig 1886-1890, Sp. 1625. Bei Birt (Sp. 1624) findet sich auch eine Abbildung des herculaneischen Wandgemäldes.

seiner Herde opfert. Diese Vermutung legt auch eine anderweitig belegte Stelle nahe: „Der Hirt pflegt im Frühling die Herde nicht eher auszutreiben, als bis er mit Pales, Faunus und den Laren zusammen eben diesem Genius [d. h. dem Genius Loci] geopfert hat (salso farre: Calpurn.[ius Siculus eclogae] 5, 26).“[2]

Ein anderes Zeugnis gibt weiteren Einblick in die kultische Praxis, die mit Genius-Loci-Stätten verknüpft war. Es ist eine aufschlussreiche Stelle in Marcus Porcius Catos (234-149 v. Chr.) Schrift „De agri cultura“. Obwohl das Wort „Genius Loci“ hier nicht auftaucht, zeigt diese Stelle doch sehr schön, dass der kultische Vorstellungskreis dessen, was später (in der römischen Kaiserzeit) mit dem Begriff Genius Loci bezeichnet wird, schon früh (nämlich in der republikanischen Zeit) existierte. „Einen Hain“, schreibt Cato dort, „muß man nach römischen Brauchtum so auslichten: Bringe mit einem Schwein das Sühneopfer dar, sprich folgende feierliche Formel: ‚Ob du ein Gott bist oder eine Göttin [Si deus, si dea es], demgehörig dieses Heilige [sacrum] ist, wie es Recht ist, dir mit einem Schwein das Sühneopfer zu bringen der Lichtung jenes Heiligtums halber und dieser Dinge halber, daß es mit Recht getan sei, mag ich, mag es irgendeiner auf meinen Befehl tun, dieser Sache halber richte ich, indem ich dieses Schwein zum Sühneopfer schlachte, gute Bitten an dich, daß du seiest gütig und geneigt mir, meinem Hause, meiner Hausgenossenschaft und meinen Kindern; dieser Dinge halber sei geehrt durch Schlachtung dieses Schweins zum Sühneopfer‘.“ (agr. 148).

Aus dieser Passage lässt sich folgern, dass, gemäß altrömischer Vorstellung, gewissen heiligen und numinosen Orten gewisse göttliche Ortsgeister einwohnen.[3] Man respektiert diese

---

[2] Birt, T.: a.a.O., Sp. 1622.

[3] Der Christ Prudentius (348-405 n. Chr.) übertreibt in seiner Polemik gegen seine polytheistischen Zeitgenossen, wenn er davon spricht, dass praktisch jeder Ort auch seinen Ortsgeist gehabt hätte: „auch den Toren pflegt ihr einen Genius zuzuschreiben, den Häusern, den Thermen, den

Geister/Götter. Sind an diesen Orten menschliche Eingriffe nötig, so bringt man Sühneopfer: ein Zeichen dafür, dass mit diesen Orten ehrfurchtsvoll und schonend verfahren wird. Man opfert diesen Geistern an ihrem Ort, auf dass den dort lebenden Menschen und Tieren kein Unheil widerfahre, auf dass das Leben in gesegneten und fruchtbringenden Bahnen verlaufe. Diese Orte sind also sowohl heilige Orte als auch Orte des Heils: sie sind deshalb in einem ganz allgemeinen Sinne Heil-Orte. Doch natürlich, und dazu später mehr, gab es in der Antike auch Heil-Orte in einem viel konkreteren Sinne.

Aus dieser Passage (und ebenso aus dem herculaneischen Wandgemälde) ist zudem ersichtlich, dass sich der Begriff des Genius Loci auf eng umgrenzte, sozusagen „mikrolokale" Orte bezieht: dieser Hain da, in der Nähe des Gutshofes; diese Stelle des Berges, fern des Dorfes, auf der hochgelegenen Sommerweide; oder, um weitere Bcispiele zu nennen: diese heilige Eiche dort im heiligen Bezirk; diese Quelle, die in der versteckten Grotte entspringt; diese Stelle des Flusses, dort, wo die Stromschnelle sich befindet; dieser merkwürdig geformte Felsen, dort am Wegesrand.

Ich könnte weitere genius-loci-relevante Beispiele beibringen, sie durch archäologische und literarische Zeugnisse fundieren.[4] Die meisten dieser Zeugnisse und Beispiele würden auf einen Genius-Loci-Begriff verweisen, der sich *vornehmlich* an der Vorstellung einer eng umgrenzten und damit klar und anschaulich charakterisierbaren örtlichen und numinosen Einzelerscheinung orientiert.

Ställen und für jeden Ort und alle Glieder der Stadt viele tausend Genien anzunehmen, so dass kein Winkel des ihm eigenen Schattengeistes entbehre" (Sym. II, 446-449). Man muss hier klar sehen: nicht jeder beliebige, aber wohl doch jeder oder fast jeder lebensräumlich und naturräumlich irgendwie bedeutsame und numinose Ort hatte in der Antike seinen Geist oder Gott.

[4] Siehe hierzu mein Buch: Der Geist eines Ortes – Kulturgeschichte und Phänomenologie des Genius Loci, Bd. 1, München 2004, Kap. 2.

Neben dem Begriff des Genius Loci gibt es auch den etwas weiter gefassten Begriff eines örtlich gebundenen Numens: einer gewissen Orts- oder Lokalgottheit, die sich bis zur Landschaftsgottheit bzw. zum Landschaftsnumen ausdehnen kann. Mit dem Begriff eines solchen Numens kann mehr und Allgemeineres gemeint sein. Etwa ein olympischer Gott wie Aesculapius/Asklepios oder Apollo/Apollon, der einen ganzen heiligen Bezirk mitsamt der umliegenden Landschaft miteinbegreift und der nicht nur an einem einzigen Ort, sondern an verschiedenen Orten Heiligtümer und Sakrallandschaften haben kann.[5]

[5] Ich kann hier die Beziehungen und Unterschiede zwischen „mikrolokalen" Ortsgeistern und weit ausgreifenden Landschaftsgottheiten nicht weiter ausführen. Dies habe ich in meinem Buch: „Der Geist eines Ortes – Kulturgeschichte und Phänomenologie des Genius Loci", Band 1, (München 2004) im 3. Kapitel ausführlich getan. Zum Begriff des Numens vgl. den ausgezeichneten Artikel von: Pfister, F.: Numen, in: Paulys Real-Encyclopädie der classischen Altertumswissenschaft, neu bearb. u. hg. v. W. Kroll, Bd. XVII, 2, Stuttgart 1937, v. a. Sp. 1281: „Die *numina locorum* lassen sich also gelegentlich noch genauer bestimmen, manchmal aber sind sie überhaupt unbestimmbar, wie es ja auch im Ritual der Arvalbrüder heißt (*Henzen* Acta fratr. Arval. 146): *sive deo sive deae, in cuius tutela hic lucus locusve est*. Einer solchen Gottheit konnte eine Weihung dargebracht werden unter der Formel *numini*, wobei ja das Geschlecht nicht bezeichnet war, oder auch *genio numinis* wie etwa CIL VI 151 (*genio numini fontis*) ... oder *genio loci* ... oder auch *Tutelae loci* (Petron. 57, 2. CIL VI 216. 777. XIII 440 ...)".

1.2 Daimonen, heilige Orte und Heil-Orte

Soviel zu den lateinischen Begriffen Genius Loci und Numen. Diese Begriffe zeigen, dass die Römer nicht nur ein Bewusstsein von Ortsgeistern und Landschaftsgottheiten hatten, sondern eben auch spezielle Begriffe, fast könnte man sagen: Fachbegriffe. Anders die Griechen. Sie haben keine Fachbegriffe für einen speziellen ortsgebundenen Gott oder Geist entwickelt. Das terminologische Pendant zum Genius Loci – das wäre direkt übersetzt das Wort „*daímon tópou*" – sucht man im Griechischen vergebens. Und doch wimmelt es in der griechischen Vorstellungswelt von daimonischen Orten und ortsgebundenen Daimonen. Ja vielmehr – und was im Zusammenhang mit antiken Heil-Ort-Ritualen von größter Wichtigkeit ist – die Griechen haben gerade das Daimonische eines Ortes viel unmittelbarer und feinfühliger erfasst als die Römer. Man kann sagen: sie hatten zwar kein Fachwort für das Phänomen des Ortsnuminosen und Ortsdaimonischen, jedoch hatten sie viel mehr Sinn dafür. Erst bei den Griechen kann man lernen, was dieses Phänomen eigentlich meint und wie damit geheilt wurde.

Dem Begriff des Genius' sowohl als auch dem des Numen entspricht im Griechischen der Begriff des Daimon. Daimon bedeutet in der mythos- und göttergläubigen Antike nicht Teufel oder teuflischer Geist – diese Bedeutung bekam er erst durch die christlich-moralische Uminterpretation –, sondern Daimon meint einfach ein numinoses Wesen, einen göttlichen Geist. Die Begriffe Daimon und Theos (Gott) waren vor allem in der frühen Antike, aber auch noch im spätantiken Volksglauben über weite Strecken austauschbar.[6]

---

[6] Auf die feinen Unterschiede sowie auf die historische Entwicklung des Daimon-Begriffs (sowie seine platonisch-philosophische Uminterpretation) kann ich hier nicht näher eingehen; vgl. diesbezüglich Abschnitt 2.2.1 meines Buches „Der Geist eines Ortes – Kulturge-

Eine spezielle Art von Daimonen waren die ortsgebundenen Daimonen. Um einen Einblick in den griechischen Vorstellungskomplex ortsgebundener Daimonen zu bekommen, kann nun nicht, wie bei den Römern, direkt vorgegangen werden. Die Darstellung kann sich hier ja auf keinen Fachbegriff stützen. Ein anderer, indirekter Weg muss eingeschlagen werden; er führt über den göttlichen bzw. heiligen Ort. Denn göttliche bzw. heilige Orte lassen sich in großer Zahl nachweisen. All diesen Orten ist gemeinsam, dass sich dort etwas Daimonisches bemerkbar macht, dass dort etwas Daimonisches wohnt. Der Glaube an göttlich-daimonische Orte zieht sich durch die ganze griechische Antike. Man benutzte verschiedene Wörter dafür: *témenos* (heiliger Bezirk, Tempelbezirk), *sekós* (heiliger Bezirk, Heiligtum), *hierón* (Heiligtum, Tempel), *álsos* (Hain, geweihte Stätte, Heiligtum), *theîos tópos* (heiliger Ort), etc.

Homer etwa spricht von einem heiligen Hain (hiròn álsos; Od. 6, 321f), an dem Athena verehrt wird; also von einem Ort, der deshalb göttlich ist, weil an ihm ein athenahaftes Daimonisches wohnt. Eine „luftige, reizende Grotte" nennt Homer „den Nymphen heilig", „den Nymphen geweiht" (hiròn nympháon): in ihr hausen Naiaden, d. h. Quellnymphen (Od. 13, 103f). Auch von einer göttlichen Grotte ist die Rede (Od. 13, 363). All diese Orte haben nach Homer eine göttlich-daimonische Ausstrahlung. Bemerkbar macht sich diese Ausstrahlung etwa dadurch, dass sie Schauder, Scheu und/oder Staunen erregt. So heißt es z. B. in Bezug auf die heilige Grotte der Nymphe Kalypso: selbst ein Gott, „käm er gegangen und könnte es sehen, staunend müßte er schauen und Wonne erfüllte sein Innres." (Od. 5, 73f). In jedem Fall sind diese Orte für die Menschen ehrfurchtsgebietend. Man errichtet ihnen bzw. den dort anwesenden Gottheiten Altäre, opfert ihnen. Schön die Beschreibung Homers von jener, vor den

---

schichte und Phänomenologie des Genius Loci", Band 1 (München 2004); siehe auch Abschnitt 7.4 dieser Arbeit bzw. das dort befindliche längere Zitat aus der aischyleischen Tragödie „Die Perser".

Toren der Stadt liegenden „herrlich flutenden Quelle ..., wo immer die Bürger ihr Wasser sich holten“: „rundum zog sich ein Wäldchen von wasserziehenden Pappeln; kreisrund schloß es den Platz – aus den Felsen ergoß sich von oben eisiges Wasser herab. Ein Altar für die Nymphen, wo alle Wanderer opferten, krönte darüber das Ganze.“ (Od. 17, 204-211). Und wenn es bei Hesiod heißt: „Hüte dich auch, in Mündungen meerwärts strömender Flüsse oder an Quellen zu pissen, das mußt du wirklich vermeiden“ (erg. 756f) – dann zeigt sich von einer anderen Seite, dass man heiligen Orten wie Quellen und Flussmündungen in der Regel mit scheuer Ehrfurcht begegnete. Ähnliches dürfte von dem bei Xenophon erwähnten „Heiligen Gebirge“ gelten (an. 7, 1, 14). Auch die Aufschrift der Steintafel, die Xenophon an dem von ihm gestifteten ländlichen Artemis-Heiligtum anbringen ließ, lässt etwas von der Ehrfurcht, mit der man heiligen Stätten begegnete, erahnen: „Dieses Land ist der Artemis geweiht [HIEROS O CHOROS TES ARTEMIDOS]. Der Besitzer und Nutznießer hat jährlich den Zehnten zu stiften. Aus dem Überschuss hat er den Tempel zu unterhalten. Unterläßt es einer, soll es der Göttin anbefohlen sein.“ (an. 5, 3, 13).

Bezeichnend ist eine Stelle im platonischen Dialog „Phaidros“. Dieser philosophische Dialog spielt in unmittelbarer Nähe eines am Ilissos-Fluss gelegenen Nymphenheiligtumes vor den Toren Athens. Sokrates sagt dabei über diesen heiligen Ort: „Denn in Wahrheit göttlich [theîos] scheint dieser Ort [tópos] zu sein, so daß, wenn ich gar im Verlauf der Rede mehrfach von den Nymphen ergriffen [nymphóleptos] werde, du dich nur nicht wundern mögest. Denn schon jetzt bin ich nicht mehr gar fern von Dithyramben.“ (Phaidr. 238c-d). Es ist offensichtlich, was er damit meint: dass es nämlich hier ortsansässige, göttliche Geister gebe, deren Einfluss er an diesem Ort ausgesetzt ist; ausgesetzt derart, dass er, der völlig unpoetische und nüchterne

Denker, der er ist, fast beginnt, in einer enthusiastischen und spontanen Art und Weise Verse zu sprechen.[7]

Das Wort nymphóleptos, das Platon dem Sokrates in den Mund legt, bedeutet „von den Nymphen ergriffen“, „sich unter dem Einfluss von Nymphen befinden“, ja im Extremfall sogar „von Nymphen besessen“.[8] Dass daimonische Orte ekstatische Zustände, göttliche Ergriffenheit und Besessenheit – griechisch vor allem mit den Wörtern éntheos (gottbegeistert), theomanés (gottbesessen), enthusiasmós (Begeisterung, Besessenheit, Gottergriffenheit), manía (religiöser Wahnsinn), theiasmós (göttliche Ergriffenheit), daimonismós (daimonische Ergriffenheit), daimon(i)óplektos und daimonióleptos (von Daimonen geschlagen, gezeichnet, ergriffen, besessen), kátochos und katechómenos (gefesselt, gehalten, besessen, ergriffen), pneumátos und pneumatophóros (angehaucht, eingehaucht, von göttlichem Anhauch erfüllt), mainás und mainómenos (rasend, begeistert, wahnsinnig), bakcheîos (bacchisch, verzückt, rasend) benannt – auslösen können, war in der gesamten Antike ein Allgemeinplatz. Friedrich Pfister hat alle diese Zustände bzw. deren Benennungen unter dem Terminus „Daimonismos“ zusammengefasst und besprochen.[9]

Was hier jedoch in erster Linie interessiert, ist der Daimonismos *eines Ortes*. Pfister sagt diesbezüglich: „auch ein *tópos*

---

[7] Vgl. hierzu: Connor, W. R.: Seized by the Nymphs: Nympholepsy and the Symbolic Expression in Classical Greece, in: Classical Antiquity 1988/2, S. 162, der zu dieser Platon-Stelle vermerkt: „The inspiration seems localized, just as nymphs themselves are closely bound to a specific setting“.

[8] „Der Anhauch der Nymphen bringt eine geistige Erschütterung hervor, die sich bis zum Wahnsinn steigern kann.“ Otto, W. F.: Die Musen, Darmstadt 1956², S. 18; vgl. hierzu auch meine Untersuchungen zum antiken enthusiasmós in: Kozljanič, R. J.: Kunst und Mythos, Oldenburg 2001, S. 84-132.

kann *éntheos kaì epipnous kaì kátochos* (Poll. I 15) und *theîos* sein, so daß von ihm ein Daimonismos wiederum ausgehen kann.“[10] Solch ein Ortsdaimonismos konnte sich, wie das Beispiel des Sokrates zeigte, subtil, lyrisch, stimmungshebend und vergleichsweise harmlos auswirken. Er konnte sich aber auch mit aller schreckenerregenden und entrückenden Macht bemerkbar machen; konnte sich so machtvoll bemerkbar machen, dass unter seinem Einfluss das Individuum dem Wahnsinn verfiel, dass es, im übertragenen aber auch wörtlichen Sinn, ganz von dem daimonischen Ort absorbiert wurde. Für letzteres gibt Theokrit (1. Hälfte 3. Jh. v. Chr.) in seinem Gedicht über den schönen Jüngling Hylas ein klassisches Beispiel: „Hylas mit ehernem Krug bemerkte sogleich eine Quelle, tief im Grunde gelegen, von vielen Binsen umwachsen, Frauenhaar grünte ringsum und das dunkelfarbige Schöllkraut, schwellender Eppich war da und der kriechendwuchernde Hundszahn. Und inmitten des Wassers schlangen sich Nymphen zum Reigen, Nymphen, des Schlafs nicht bedürftig, unheimliche Wesen [deinaì theaì – also genauer gesagt: unheimliche Göttinnen] dem Landsmann, Malis wars und Eunika und, schön wie der Frühling, Nycheia. Eben hielt nun der Knabe den mächtigen Krug übers Wasser, wollte hinein ihn tauchen, da packten die Hand ihm schon alle. Liebe zu jenem argivischen Knaben nämlich berückte allen das zärtliche Herz. Und jählings entglitt er ins dunkle Wasser ... Nunmehr hielten die Nymphen den Knaben auf ihrem Schoße, um das weinende Kind mit freundlichen Worten zu trösten.“ (Theokr. 13, 39-54).

Ist ein Mensch von einem daimonischen Ort aufgesogen worden, ist er als *Mensch* gestorben; als *dieser Ort* bzw. *dieser Ortsdaimon* ist er aber in gewisser Weise unsterblich geworden.

---

[9] Pfister, F.: Daimonismos, in: Paulys Real-Encyclopädie der classischen Altertumswissenschaft, neu bearb. u. hg. v. W. Kroll u. K. Mittelhaus, Supplementbd. VII, Stuttgart 1940, Sp. 100-114.

[10] Pfister, F.: Daimonismos, a.a.O., Sp. 102.

So geschehen mit dem soeben erwähnten Jüngling Hylas, von dem Antoninus Liberalis sagt: „Dem Hylas aber opfern die Landesbewohner bis auf den heutigen Tag bei der Quelle; und der Priester ruft ihn dreimal mit Namen, und dieser Ruf wird dreimal von dem Echo beantwortet.“ (met. syn. 26). So geschehen mit dem historisch bezeugten Liebling Kaiser Hadrians namens Antinoos, der 130 n. Chr. im Nil ertrank. Hadrian gründete an der Stelle, an der Antinoos ertrank, die Stadt Antinoupolis. Antinoos wurde daselbst auf Veranlassung Hadrians vergöttlicht, ihm wurden Verehrung, Tempel und Priester zuteil (vgl. Paus. 8, 9, 7; Amm. 22, 16, 2).

Zwischen dem einen Extrem eines eher oberflächlichen Ergriffen-Werdens von einem daimonischen Ort (Beispiel Sokrates) und dem anderen Extrem des völligen Absorbiert-Werdens (Getötet-, Entrückt-, Eingesogen-Werdens) durch einen Ort (Beispiel Hylas und Antinoos) entfaltet sich ein weites Feld an möglichen Beziehungen. Und genau dieses Zwischenfeld ist der spezifische Bereich der verschiedensten antiken Heil-Ort-Rituale. Das heißt: immer handelt es sich hierbei um Orte, an denen Daimonen bzw. göttliche Wesen hausen, immer handelt es sich um das Phänomen eines Ortsdaimonismos. Und genau mit diesen ortsdaimonischen Einflüssen wird geheilt. Genauer gesagt: die an diesen Orten wohnenden Daimonen und Numina bewirken die Heilung oder leiten sie ein oder geben wichtige therapeutische Hinweise und Fingerzeige. Man kann sagen: nicht jeder daimonische Ort ist ein Heil-Ort, aber jeder Heil-Ort ist ein daimonischer Ort. Heil-Orte sind daimonischen Orte, deren daimonisch-numinose Potenz sich in irgendeiner Art heilsam auswirken kann.

1.3 Natürliche und künstliche Mantik

Um an einem daimonischen Ort Heilung zu erlangen, bedarf es aber eines gewissen Vorgehens, einer gewissen Methode. Nur zu einem daimonischen Ort zu gehen, dort kurz zu verweilen und dann wieder nach Hause zurückzukehren: das genügt in der Regel nicht. Es bedarf einer gewissen „Kommunikations- bzw. Divinationstechnik“ (lat. *divinatio*), einer gewissen mantischen „Technik“ (griech. *mantiké*). Erst vermittels solch einer mantischen „Technik“ gelingt es dem Heilsuchenden, in Kontakt mit dem Ortsdaimon zu treten. In der Kontaktnahme hat der Heilsuchende an der Heiligkeit und damit auch an der Heilheit des Ortes und seiner Gottheit teil.

Die Mantik wurde in der Antike in zwei Arten unterteilt: natürliche und künstliche Mantik. „Die theoretische Scheidung in natürliche (intuitive) und künstliche (induktive) Mantik wird erst in der Stoa formuliert (Cic. Div. 1, 11. 2, 26-27. Ps. Plut. Vita Hom. 212), ist aber schon früh bekannt gewesen (vgl. Hom. Od. 20, 100f. Plat. Phaidr. 244D). Zur natürlichen Mantik gehören alle Arten von Inspirationsmantik: Ekstase, Traum, Orakeldivination. Die künstliche Mantik umfaßt die unzähligen Formen der Vorhersage, die oft bei Anwendung bestimmter Technik auf *observatio* [Beobachtung] und *coniectura* [Deutung] (Cic. div. 1, 34) beruhen. ... Während in der natürlichen Mantik der Einzelne direkt in Verbindung zu göttlichen Wesen tritt, erreicht die künstliche Mantik (*divinatio artificiosa*) Zukunftswissen durch Beobachtung einzelner Medien und Schlußfolgerungen aus deren Verhalten ... Sie setzt meist die exakte Kenntnis bestimmter Techniken voraus, rückt so methodisch in die Nähe einer Wissenschaft.“[11] Beispiele für

---

[11] Zintzen, C.: Mantik, Mantis, in: Der kleine Pauly, Lexikon der Antike, hg. v. K. Ziegler u. W. Sontheimer, Bd. 3, München 1979, Sp.

künstliche Mantik sind: Vogelschau (auspicium, oionoskopía), Eingeweideschau (haruspicium), Wassermantik (Hydromantie),[12] Steinmantik (Lithomantie), Erdmantik (Geomantie), Astrologie, Beobachtung von Vorzeichen verschiedenster Art (Kometen, Erdbeben, Blitzeinschläge, Hochwasser, Missgeburten, etc.). Zur natürlichen Mantik zählte man: (dichterische) Inspirationsmantik (Dichten und Singen aufgrund göttlicher Eingebung), Inkubationsmantik (Erlangen von göttlichen Traum- und/oder Visionsoffenbarungen), mediumistische Mantik (hellseherisch-mediumistisches Wahrsagen), Totenmantik (Nekromantie, d. h. Totenbefragung bzw. Totenbeschwörung).[13]

Die Grenze zwischen natürlicher und künstlicher Mantik lässt sich nicht immer ganz exakt ziehen, es gibt hier manche Übergänge und Übergangsphänomene. Und doch sind die beiden

---

968f u. 972f. Vgl. hierzu Ciceros Schrift „Über die Wahrsagung“: „Denen also pflichte ich bei, welche die Behauptung aufgestellt haben, es gebe zwei Arten von Wahrsagungen: eine, die sich einer Kunstlehre bediene, eine andere, die ohne Kunstlehre verfahre. Auf eine Kunstlehre nämlich stellen die ab, die neue Erscheinungen mittels Deutungen zu klären versuchen, alte sich aufgrund von Beobachtungen angeeignet haben. Dagegen verfahren die ohne Kunstlehre, die nicht methodisch oder mittels Deutungen die Zukunft vorausahnen – auf der Grundlage von Zeichen, die beobachtet und festgehalten wurden –, sondern in einer gewissen Aufwallung des Geistes oder in ungebundener und freier Bewegung (in einem Zustand, wie er Träumenden häufig zuteil wird und bisweilen solchen, die in Raserei prophezeien): Beispiele dafür sind der Böotier Bakis, der Kreter Epimenides, die Sibylle aus Erythrai. Dieser Art sind auch die Orakel zuzurechnen, ... jene, die sich aufgrund göttlicher Eingebung und göttlichen Anhauchs ergießen. ... Diejenigen aber, die alle diese Dinge deuten, verhalten sich wie die Philologen zu den Dichtern: sie scheinen ganz nahe an den göttlichen Plan derer, die sie deuten, heranzukommen.“ (1, 34)

[12] Zur antiken Wassermantik vgl. den aufschlussreichen Aufsatz von: Falter, R.: Ins Wasser geschaut, Die Praxis der Wassermantik von der Antike bis heute, Teil 1, in: Hagia Chora 15/2003, S. 92-96.

[13] Vgl. hierzu: Zintzen, C.: a.a.O., Sp. 969-974.

gegenstrebigen Grundtendenzen klar angebbar. Bei der natürlichen Mantik überwiegt ein pathisches, abwartendes, offenes, intuitives Vorgehen, bei der künstlichen Mantik ein aktivisches, zupackendes, vergleichsweise starr durchreglementiertes technisches, induktives Vorgehen. Zentrale Zugangsweisen der natürlichen Mantik sind Inspirationen, Intuitionen, vor allem aber Träume und Visionen. Zentrale Zugangsweisen der künstliche Mantik sind Beobachtung, Achten auf Zeichen, Deuten von Zeichen. Künstliche Mantik ist im Prinzip lehr- und lernbar, schulbar, in vergleichsweise klaren „Wenn-Dann-Beziehungen“ angebbar. Die Welt der künstlichen Mantik ist eine Welt der verschlüsselten göttlichen Zeichen: will man die Zeichen verstehen, muss man sie erst vermittels überlieferter und festgelegter Deutungsregeln interpretieren. Nur der Deutungsfachmann, der technisch Unterwiesene, ist zur künstlichen Mantik fähig. Anders bei der natürlichen Mantik: hier spricht sich die Gottheit viel klarer und unmittelbarer aus. Weniger verschlüsselte Zeichen als vielmehr direkte, klare, meist in Traum und Vision offenbarte Anweisungen dominieren hier. Man muss nicht erst eine Menge von Detail- und Deutungswissen erworben haben, um hier voranzukommen. Es bedarf nur in Ausnahmefällen eines Fachmanns und Deutungsprofis. Knapp und etwas verkürzt formuliert: künstliche Mantik muss vor allem erlernt, natürliche Mantik vor allem erfahren werden. In der Kunstmantik spricht vor allem der Deutungskünstler, in der Naturmantik vor allem die Natur- und/oder die Menschenseele selbst. Kunstmantik tendiert zu Kunstsprache, Naturmantik bleibt im Rahmen der muttersprachlichen Ausdrucksmöglichkeiten.

Die Römer bevorzugten die künstliche Mantik. Speziell die Eingeweide- und Vogelschau wurde von ihnen mit gleichsam wissenschaftlicher Akribie betrieben. Die Griechen neigten sich mehr der natürlichen Mantik zu, obwohl sowohl Eingeweide- wie auch Vogelschau bei ihnen ebenfalls praktiziert wurden. Ich konzentriere mich im Folgenden vor allem auf die Naturmantik. Dies aus zwei Gründen: zum einen überwiegt diese Art der Mantik bei den antiken Heil-Ort-Ritualen, zum anderen scheint mir der Naturmantik eine größere Aktualität zuzukommen: sie lässt sich – nicht zuletzt aufgrund der Erfahrungsbetontheit, Eigendynamik und Einfachheit, die ihr unweigerlich anhaften – auch heute praktizieren; oder besser gesagt: sie lässt sich durchaus in unsere Jetztzeit integrieren und dort im Rahmen von Naturerfahrungs-, Naturheil- und Psychotherapieverfahren zum Einsatz bringen.[14]

Die Naturmantik ermöglicht dem antiken Menschen einen Kontakt zum Ortsdaimon, der sich verschiedenartig ausprägen kann. Der Daimon kann im Traum oder in einer Vision erscheinen. Er kann durch Traum oder Vision heilen oder Ratschläge erteilen oder Fingerzeige geben. Doch nicht nur in Traum und Vision, auch in der ganz normalen Tageswirklichkeit kann der Daimon erscheinen. Erscheinen kann er in Menschengestalt. Auch kann er in Gestalt eines realen Tieres – häufig als Schlange – erscheinen, den Heilsuchenden umwinden, berühren, belecken und so gesund machen. Doch auch – und hierin zeigt sich schon eines der erwähnten Übergangsphänomene zwischen Natur- und Kunstmantik – Vorzeichen und Zeichen sind als Fingerzeige möglich: Opfertiere, die vor ihrer Opferung nicht in der vorgeschriebenen Weise zu zittern beginnen oder Opfertiere, bei denen die Eingeweideschau weitere Hinweise ergibt oder scheue Wildtiere, die plötzlich ihre Scheu verlieren und ganz nahetreten oder ein Adler, der im Sturzflug an einem vorbeifliegt oder eine Quelle, die auf einmal weniger kräftig sprudelt und ihren Ton verändert oder ein Baum, der ohne Wind zu rauschen beginnt, ...

---

[14] Vgl. hierzu die Ansätze, die ich in meinem Buch „Freundschaft mit der Natur – Naturphilosophische Praxis und Tiefenökologie" (Klein Jasedow 2004) herausgearbeitet habe.

Es gibt verschiedene naturmantische Heil-Techniken: die berühmteste ist die des Tempelschlafes im Asklepios-Heiligtum. Ich werde sie und ihren Traum-Zugang zuerst vorstellen. Anschließend behandle ich die Höhlen-Mantik vor allem am Beispiel des Trophonios-Orakels zu Lebadeia. Hier geht es um die Erlangung einer Vision und/oder Audition im Wachzustand. Sodann wende ich mich der apollinischen Orakel-Mantik zu. Sie arbeitet nicht mit Tempelschlaf und Traum-Orakel, nicht mit der Auslösung von Visionen und Auditionen, sondern mit einer Art mediumistischer Trance. Eine Seherin wird von Apollon in Besitz genommen. Durch ihren Mund spricht Apollon Orakel, verkündet die Zukunft, gibt unter anderem Hinweise in puncto Schuldsühnung und Heilung. Nach der apollinischen Mantik betrachte ich Quell-Heil-Rituale und Inkubations-Orakel an Quellen. Dann gilt es, Hain-Orakel sowie das Baumorakel des Zeus in Dodona zu besprechen. In Dodona waren Priester und Priesterinnen für die Mantik zuständig. Sie lauschten den Geräuschen der heiligen Eiche und deuteten sie als Wahr- und Heilsspruch des Zeus. Und abschließend gilt es einen Blick auf die Formen der antike Toten-Mantik zu werfen, die sich ebenfalls des Traum- und Visionszuganges bedienten sowie der magischen Praxis der Totenbeschwörung zuneigten.

Römisches Weihrelief an Aesculapius (unbekannter Herkunft, evtl. vom Aesculapius-Heiligtum auf der Tiberinsel). Mercurius (links) geleitet einen heilsuchenden Mann (knieend) zu Aesculapius (Mitte links). Rechts im Bild die drei Grazien.

2 Asklepios-Traum-Mantik

2.1 Allgemeines

In den Asklepios-Heiligtümern wurde der Ritus des Tempelschlafes praktiziert. Der Tempelschlaf ist der klassische Inkubations-Heil-Ritus, Asklepios (oder lat. Aesculapius) der klassische Heilgott der Antike. Asklepios ist der Sohn Apollons. In ihm hat sich der Heilaspekt, den Apollon als einen von mehreren Aspekten immer hatte, verselbständigt und konzentriert. Oft steht dem Asklepios in seinem Heiligtum und Kult seine Tochter Hygieia (d. h. Gesundheit) zur Seite. Dargestellt wird Asklepios bärtig. In der Hand hält er einen Stab, um den sich die ihm geheiligte ungiftige Asklepiosschlange in die Höhe windet (siehe Bild linke Seite). Asklepios ist nicht nur der Gott der heilsuchenden Kranken, sondern auch der Gott der Ärzte. Die Schüler des Hippokrates, die antike Ärzte von Kos, nannten sich stolz „Asklepiaden“: Nachfahren und Jünger des Asklepios. Und auch heute noch begegnet man an Apotheken, in Krankenhäusern und Arztpraxen den Attributen des Asklepios: dem Stab, mit der sich darum herum windenden Schlange.

Das Wort Inkubation stammt vom lateinischen incubatio bzw. incubare.[15] Incubare meint im profanen Sinn: liegen auf, brüten auf, sorgsam hüten, sich an einem Ort aufhalten, sich

[15] Ein griechisches Pendant hierzu wäre: *enkoímesis*.

über einem Ort ausbreiten; im mythisch-kultischen Sinn bedeutet incubare: an einem heiligen Ort schlafen (aber auch: wachen), um ein Orakel zu erhalten. Inkubation ist der Ritus des Schlafens (aber auch: Wachens) an einer heiligen Stätte, um vor allem durch Traum (aber auch: Vision, Audition, Inspiration) von der ortsansässigen göttlichen Macht eine Erscheinung, Weisung und/oder Hilfe zu erhalten.

Kurz ein Blick in die Religionsgeschichte des Inkubationsritus': „Die Wurzeln dieses Brauches reichen weit zurück, in uralte Zeit, da die chthonischen, ‚irdischen' Geister das Menschenleben beherrschten. Die ursprüngliche Form der Inkubation ist wahrscheinlich der *Gräberschlaf*: der Mensch legt sich auf das Grab des verstorbenen Ahnen, damit dessen Geist ihm erscheine und ihm helfe. Dabei ist wesentlich, daß man sich ganz auf den Boden hinlegt, um die Berührung mit der Sphäre des Ahnengeistes möglichst intensiv zu gestalten. Die Inkubation wird dann im Lauf einer langen Entwicklung übertragen auf allerlei Orte, an denen Geister lokalisiert gedacht sind: Höhlen, Quellen, Kreuzwege, Bäume u. a. Beim Übergang vom Animismus zum Theismus wird die Inkubation vor allem an die Wohnungen der Götter, an den *Tempel* gebunden (daher auch die deutsche Bezeichnung Tempelschlaf für Inkubation). Mehr und mehr kompliziert sich der bei der Inkubation zu beobachtende Ritus: strenge Reinigungszeremonien müssen vorhergehen usw."[16]

Ein solcher komplizierter Inkubationsritus war der Heilschlaf im Asklepiostempel: es mussten diätetische, opfertechnische und kultische Vorschriften beachtet werden, bis es schließlich zum eigentlichen Tempelschlaf kam. Oft erschien den Schlafenden der Heilgott Asklepios in Menschen- oder auch Tiergestalt (vor allem als Schlange und Hund), gab den Träumenden Hinweise,

---

[16] Rühle: Inkubation, in: Handwörterbuch des deutschen Aberglaubens, hg. v. H. Bächthold-Stäubli, Bd. 4, Berlin, New York 2000[3], (unveränd. fotomech. Nachdr. d. Erstausg. Berlin, Leipzig 1935), Sp. 694.

welche Heilmittel und Heiltherapien sie nötig hätten. Die Traumdiagnose war, wie antike Schriftsteller (z. B. Aristeides) und Inschriften (z. B. die bei Asklepiostempeln gefundenen Steintafeln, die sog. Iámata) bezeugen, in vielen Fällen äußerst erfolgreich, manchmal spektakulär und wunderbar.[17]

Bekanntester Asklepios-Kult-Ort ist Epidauros. Das älteste Asklepiosheiligtum (5. Jh. v. Chr.) schien aber im thessalischen Trikka gewesen zu sein; das zweitälteste und weitaus berühmtere, dasjenige von Epidauros. Von Epidauros aus kam es ab dem 5./4. Jh. v. Chr. zu zahlreichen Filialgründungen im gesamten griechisch besiedelten Mittelmeerraum: Kos, Pergamon, Smyrna, Lebena, Balagrae, Naupaktos, Troizen, Athen, Aigai, Tithorea, Korinth, Paros, usw.. Von Epidauros aus wird 293 v. Chr. aus Anlass einer Epidemie in Rom auf einer Tiberinsel der Asklepioskult eingeführt. Aus ähnlichen Gründen kam es zuvor schon zu den Asklepios-Kultstätten-Gründungen von Limera und Athen. Der Aufbau der Heiligtümer ist immer ähnlich: ein durch eine Mauer oder Steinmarkierungen eingegrenzter weiträumiger heiliger Bezirk. In diesem Bezirk befinden sich das Hauptheiligtum, der Asklepiostempel, einige Nebentempel, Statuen und Weihgaben entlang einer heiligen Straße, evtl. auch ein heiliger Hain. Weil der Tempel an den großen Asklepieien die vielen Hilfesuchenden nicht mehr zum Tempelschlaf beherbergen konnte, wurden vielerorts Liegehallen (wie das Allerheiligste eines jeden Tempels Abaton oder Adyton genannt) gegenüber (so etwa Epidauros) oder seitlich des Tempels (so etwa Kos) gebaut. In der Nähe und teilweise auch innerhalb des heiligen Bezirks befanden sich Quellen, Becken, Haine, Bäder, Unterkunftshäuser, Theater, Stadion. Also ein antiker Kurort mit Sanatorium.[18]

---

[17] Vgl.: Meier, C. A.: Antike Inkubation und moderne Psychotherapie, Zürich 1949.

[18] Siehe: Wacht, M.: Inkubation, in: Reallexikon für Antike und Christentum, hg. v. E. Dassmann, Bd. 18, Stuttgart 1998, Sp. 179ff.

Die Asklepios-Heiligtümer waren landschaftlich meist gut platziert. Sie befanden sich in der Regel in einer dem Gott und seinem Charakter angemessenen milden, wohlig-entspannenden, heilsamen Landschaft. Der Essayist und Lebensphilosoph Gerhard Nebel hat die epidaurischen Ruinen besucht. Ihm zufolge kann man auch heute noch die heilfördernde Ausstrahlung dieses Ortes spüren, sie liegt dort sozusagen in der Luft: „Ich betrete den heiligen Bezirk ..., ich fühle mich rätselhaft bewegt, keine Anspannung wie in Delphi, sondern eine wohlige Erschlaffung, und ich frage mich, was denn hier nun Erfahrung, was Illusion ist. Wie in Wellen breitet sich von einem jenseits meiner selbst liegenden Zentrum Schläfrigkeit aus. Noch eine Härte muß erweicht, noch ein Widerstand aufgelöst werden, ich lasse die Zukunft fahren und gleite vertrauend in das epidaurische Jetzt hinein, das mich wie mit Polstern und Kissen aufnimmt.“[19]

Vgl. auch die detaillierte Beschreibung des epidaurischen Asklepieions bei Pausanias 2, 27, 1-7.
[19] Nebel, G.: Heilung in Epidauros, in: Merian 6/1983, S. 84.

2.2 INKUBATIONS-RITUS IN DEN ASKLEPIEIEN

Der mantische Ritus an den verschiedenen Asklepios-Heil-Orten dürfte einigermaßen ähnlich vonstatten gegangen sein. Spezielles oder ausgeprägtes Fasten (wie bei anderen mantischen Heil-Orten der Fall) war in den Asklepieien nicht gefordert. Nur Ziegenfleisch und Ziegenkäse war normalerweise verboten. Gebärenden Frauen und sterbenden oder todkranken Menschen war der Zutritt zum heiligen Bezirk nicht gestattet. Sexuelle Abstinenz während der Kur oder zumindest kurz vor dem Tempelschlaf war einzuhalten. Reinigungsbäder vor der Inkubation waren üblich und nötig. Das Trinken aus heiligen Quellen und/oder Brunnen kam hinzu. Überhaupt war die Kur oftmals von ärztlichen Verordnungen geprägt: Wasser- und Arzneimittelanwendungen, Aderlasse, Barfußgehen, etc.. Desöfteren gab Asklepios selbst durch Traumanweisung die Verordnungen bekannt: strenge Diät, sportliche Betätigung, Spaziergänge, Abreibungen und Einreibungen (etwa mit Erde), anschließend Waschungen, Opfer an diverse Gottheiten.[20]

---

[20] Vgl. hierzu den detaillierten Bericht des (allem Anschein nach hypochondrisch veranlagten) Marcus Iulius Apellas, IG IV^2 126: „Ich, Marcus Iulius Apellas, aus Mylasa in Karien, wurde vom Gotte hergeholt, weil ich oft krank wurde und an Verdauungsstörungen litt. Auf meiner Fahrt, so befahl er, sollte ich in Ägina mich nicht heftig aufregen. Als ich ins Heiligtum kam, befahl er mir, für zwei Tage, während welcher Regen fiel, den Kopf zu verhüllen, Käse und Brot zu essen, Sellerie mit Lattich, ohne fremde Hilfe zu baden, mich im Schnellauf zu trainieren, von einer Zitrone die Schale, in Wasser geweicht, einzunehmen, beim Bade in den Akoai mich an der Wand zu reiben, im oberen Umgang zu spazieren, die Schaukel zu benutzen, mich mit Sandbrei einzuschmieren, barfuß zu spazieren; bevor ich im Bad ins warme Wasser steige, mich mit Wein zu übergießen, mich allein zu waschen und dem Badmeister eine attische Drachme zu geben; dem Asklepios, der Epione und den Eleusinischen Göttinnen zusammen

zu opfern, Milch mit Honig einzunehmen. Als ich eines Tages nur Milch trank, sagte er: ‚Füge Honig zur Milch, damit es durchzuschlagen vermag!'
Als ich den Gott bat, mich schneller zu befreien, träumte ich, ich komme, mit Senf und Salz eingerieben, heil bei den Akoai aus dem Allerheiligsten heraus, ein Kind gehe mit einem dampfenden Weihrauchgefäß voraus, und der Priester sage: ‚Du bist geheilt, mußt aber den Lohn bezahlen.' Und ich tat, was ich im Traum gesehen hatte; und als ich mich mit Salz und feuchtem Senf einrieb, bekam ich Schmerzen; als ich aber badete, nicht mehr. Dies in neun Tagen seit meiner Ankunft. Er berührte auch meine rechte Hand und die Brust. Als ich am folgenden Tage Weihrauch darbrachte, versengte mir eine aufschießende Flamme die Hand, so daß sogar Blasen entstanden. Bald darauf wurde die Hand gesund.
Als ich noch blieb, sagte er mir, ich solle Anis mit Öl gegen mein Kopfweh gebrauchen; ich hatte jedoch gar kein Kopfweh. Da passierte es mir, daß ich beim Studieren Blutandrang im Kopfe bekam. Nachdem ich das Öl angewendet, wurde ich von den Schmerzen befreit. Mit kaltem Wasser gegen die Schwellung des Zäpfchens zu gurgeln – denn auch darüber konsultierte ich den Gott –, ebenso gegen Mandelentzündung. Er befahl mir auch, dies aufzuzeichnen. Dankerfüllt und gesund reiste ich ab." Zit. aus: Der Arzt im Altertum, Griechische und lateinische Quellenstücke von Hippokrates bis Galen, hg. u. übers. v. W. Müri, München, Zürich 1986[5], S. 437-439.
Aufschlussreich in diesem Zusammenhang ist auch die Stellungnahme Artemidors in seinem „Traumbuch" (Oneirokritikon 4, 22): „Eine Untersuchung über medizinische Anweisungen, nämlich daß die Götter den Menschen die Behandlung bei den Krankheiten angeben, ist sinnlos; denn viele wurden in Pergamon, Alexandria und anderswo durch Traumanweisungen geheilt, einige Leute behaupten sogar, die Heilkunde sei aus solchen Anweisungen hervorgegangen. Daß aber die medizinischen Anweisungen, die einige aufschreiben, höchst lächerlich sind, ist jedem klar, der nur ein bißchen Menschenverstand besitzt. Denn sie schreiben keine Traumgesichte auf, sondern nur, was sie sich selber einbilden. ... Viele haben auch aus der Tierkunde des Aristoteles, aus Archelaos und aus Xenokrates von Aphrodisias heimlich etwas entnommen ... und daraus haben sie Heilanweisungen und Therapien zusammengebastelt. ... Bei den Anweisungen der Götter aber wirst du finden, daß sie einfach sind und nichts Rätselhaftes enthalten; denn die Götter verordnen mit denselben Namen, die auch wir benutzen, Salben, Einreibungen, Speisen oder Getränke, doch falls sie wirklich einmal in

Immer aber fanden zahlreiche Tieropfer statt. Vor allem Ferkel und Schweine sind als Opfertiere bezeugt, aber auch Rinder, Schafe, Hähne, jedoch keine Ziegen. Auch speziell geformte Backwaren wurden als Opfergaben gefordert. In die Grube, die die heiligen Asklepiosschlangen beherbergte, warf man eine Art Mohn-Honig-Kuchen als Opfergabe hinein.[21]

Die Vorbereitungszeit vor dem Tempelschlaf, die sich auch über Tage oder Wochen hinziehen konnte,[22] war allem Anschein nach geprägt von einer Suche nach Hinweisen und Fingerzeigen der Gottheit: es galt, den richtigen Zeitpunkt für den Tempelschlaf zu ermitteln. Erschien dem im Gästehaus schlafenden Heilsuchenden Asklepios im Traum und winkte ihm etwa zu, so war das eine eindeutige Aufforderung, mit dem Tempelschlaf im Abaton zu beginnen. „Bei den Geheilten der Tiberinsel findet man z. B. die ständige Formel: ... ‚Der Gott gab durch ein Orakel zu erkennen, er werde erscheinen.'"[23]

Waren also die Vorzeichen günstig, kam es zum Schlaf auf einer Pritsche (griech. klíne) in der Inkubationshalle oder (bei kleineren Asklepieien, etwa in Tithorea) im Tempel selbst.

Zu dieser Zeit oder auch kurz davor hat man Asklepios in einem Hymnos an- und wachgerufen. Er und seine Tochter Hygieia sollten wachen und heilen, während die Menschen schliefen:

Rätseln sprechen, so deuten sie es doch ziemlich genau an. Beispielsweise träumte eine Frau, die an Brustentzündung litt, sie werde von einem Schaf gesäugt. Sie legte sich Schafszunge (Wegerich) auf und wurde geheilt. Welche Therapie du herausfindest, sei es, daß du es selbst gedeutet hast, sei es, daß du die Deutung eines anderen als richtig erkennst, jedesmal wirst du bei näherer Prüfung erkennen, daß es das einzig richtige Heilmittel ist ..."

[21] Vgl.: Wacht, M.: a.a.O., Sp. 211ff.

[22] „Auch längeres Verweilen (bis zu vier Monaten) im Heiligtum ist gelegentlich notwendig". Wacht, M.: a.a.O., Sp. 224.

[23] Meier, C. A.: a.a.O., S. 62.

„Wach auf, Paieon Asklepios, Gebieter der Völker,
Mildgesinnter Sproß des Apoll und der erhabenen Koronis,
Wisch dir den Schlaf von den Lidern und erhöre die Gebete
Deiner Menschen, welche oft und nie erfolglos
Deine Macht als erste Hygieia gnädig zu stimmen versuchen,
du mildgesinnter Asklepios,
Erwache und erhöre deinen Hymnus, du Heilbringer sei
gegrüßt!“[24]

So legte man sich auf seiner Pritsche nieder und versuchte, die Nacht hindurch zu schlafen und einen Heiltraum vom Gott zu empfangen. „Träume des frühen Morgens, zwischen Schlafen und Wachen, gelten wie sonst (vgl. Od. 4, 841; Mosch. buc. 2, 2/5; Hor. sat. 1, 10, 33; Ovid. her. 19, 195; Plin. n. h. 10, 211; Iambl. myst. 3, 2, 103f; Tert. an. 48, 1) als besonders zuverlässig.“[25] Doch musste man nicht unbedingt in den dafür vorgeschriebenen Heilschlaf-Hallen inkubieren. Aristeides etwa inkubierte im Asklepieion zu Pergamon, wie er sagte, „überall im heiligen Bezirk unter freiem Himmel oder, wo es sich gerade traf, und nicht zum wenigsten auf der Tempelstraße unter der heiligen Lampe der Göttin“ (or. 52, 80).

Der Traum war die häufigste Art der mantischen Kontaktaufnahme mit der Gottheit. Die meisten epidaurischen Heilberichte (die sogenannten Iámata, aber auch andere Zeugnisse) legen das nahe. Drei Beispiele von vielen: „Euphanes von Epidauros, ein Knabe. Dieser litt an Steinen und schlief drin. Da träumte ihm, der Gott trete zu ihm und sage: ‚Was wirst du mir geben, falls ich dich gesund mache?‘ Er habe geantwortet: ‚Zehn Astragalen [Würfel].‘ Da habe der Gott lachend gesagt, er werde ihn befreien. Als der Tag anbrach, kam er gesund heraus.“ (Iámata nr. 8).

---

[24] Kaibel: Epigrammata Graeca, Berlin 1878, S. 433.
[25] Wacht, M.: a.a.O., Sp. 220f.

„Nikasibula aus Messene, wegen Kindern. Als sie drin schlief, hatte sie einen Traum: ihr träumte, der Gott komme mit einer Schlange, die hinter ihm herkroch, zu ihr, und mit dieser Schlange habe sie sich vereinigt. Und darauf bekam sie übers Jahr Kinder, zwei Knaben." (Iámata nr. 42).

„Ein Mann, dessen Finger bis auf einen gelähmt waren, kam hilfesuchend zum Gotte; als er aber die Bilder im Heiligtum sah, glaubte er nicht an die Heilungen und machte sich über die Aufschriften ein bißchen lustig. Während seines Schlafes im Tempel hatte er aber ein [Traum-] Gesicht: ihm schien, er habe vor dem Tempel mit Astragalen gespielt und eben werfen wollen, da sei der Gott erschienen, ihm auf die Hand gesprungen und habe ihm die Finger gestreckt; als er weggetreten war, habe ihm geschienen, er könne an der eingebogenen Hand jeden einzelnen Finger strecken, und als er alle gerade gestreckt hatte, habe ihn der Gott gefragt, ob er immer noch den Aufschriften auf den Bildern im Heiligtum mißtraue; er habe aber verneint. ‚Weil du nun ihnen, die doch nicht unglaubhaft waren, vorher nicht glaubtest, sollst du künftig, habe er gesagt, ‚Ungläubig' heißen.' Als der Tag anbrach, kam er gesund heraus." (Iámata nr. 3).

Doch kam es auch zu visionären Erlebnissen. Ein andeutungsweise visionäres Erlebnis hatte Aristeides: „Es war so, als ob man ihn berührte", berichtete er, „eine Art von Bewußtsein davon, daß er [Asklepios] in Person anwesend war; man schwebte zwischen Schlaf und Wachsein, man wünschte, die Augen zu öffnen, und war doch bange, er könne sich zu bald zurückziehen; man lauschte und hörte Dinge, manchmal wie im Traum, manchmal wie im wachen Zustand; die Haare standen zu Berge; man schrie und fühlte sich glücklich; das Herz schlug höher, aber nicht aus Überheblichkeit. Welcher Mensch könnte solch ein Erlebnis in Worte kleiden? Aber jeder, der es einmal mitgemacht hat, wird meine Erfahrung teilen und diesen Seelenzustand kennen." (or. 48, 31ff). Ein eindeutiges visionäres

Erlebnis schien Maximus Tyrius gehabt zu haben. „Und ich sah auch Asklepios und nicht in einem Traum“, schreibt er (phil. 9, 7).

Es kam aber auch zu anderen, weder eigentlich traumhaften noch auch visionären, sondern ganz tagesbewussten und realen Erlebnissen: „Ein Knabe, stumm. Dieser kam wegen seiner Stimme in das Heiligtum. Nachdem er das Voropfer dargebracht und die Riten erfüllt hatte, verlangte der Knabe, welcher dem Gotte das Feuer bringt, indem er den Vater des stummen Sohnes anblickte, er müße sich verpflichten, wenn er erlangt habe, wofür er gekommen sei, binnen eines Jahres den Lohn für die Heilung darzubringen. da sagte plötzlich der Sohn: ‚Ich verspreche es.‘ Der Vater erschrak und forderte ihn auf, es noch einmal zu sagen. Er wiederholte es und wurde darauf gesund.“ (Iámata nr. 5).

„Nikanor, gelähmt. Diesem entriß, als er, ohne zu schlafen, dasaß, ein Kind den Stock und lief damit davon; er aber sprang auf, verfolgte es und wurde darauf gesund.“ (Iámata nr. 16).

Traum, Vision, Realerlebnis: in diese drei Kategorien lassen sich die Heilerlebnisse unterteilen. Doch die Grenzen lassen sich nicht exakt ziehen, bei vielen Erlebnissen verwischen sie sich. Oft wird von Träumen berichtet, die mit einem Realerlebnis enden. Etwa von einem Mann, der am Tag außerhalb des Tempels in Schlaf fiel. Wie umstehende Menschen sehen konnten, näherten sich zahme Asklepiosschlangen dem Schlafenden, leckten seine wunde Zehe. Er erwachte und erzählte, dass er von einem schönen jungen Mann geträumt hätte. Dieser hätte ihm seine Zehe verbunden. Die Zehe heilte (Iámata nr. 17).

Erstaunlich auch folgende Berichte: „Ein Mann kam zum Gotte hilfesuchend, einäugig, und zwar so, daß er vom andern Auge nur die Lider hatte, darunter aber nichts, sondern es war völlig leer. Einige Leute im Heiligtum lachten über seine Einfalt, zu meinen, er werde sehen können, da doch das Auge überhaupt keinen Ansatz dazu habe außer der leeren Höhle. Als er drin schlief, zeigte sich ihm ein Gesicht: ihm träumte, der Gott habe eine Arznei gekocht, darauf die Lider geöffnet und sie eingeträufelt. Als der Tag anbrach, kam er an beiden Augen sehend heraus." (Iámata nr. 9).

„Gorgias aus Herakleia, Eiterung. Dieser war in einer Schlacht durch einen Pfeil in der Lunge verwundet worden und war während anderthalb Jahren so voll Eiter, daß er 67 Becken mit dem Eiter füllen konnte. Als er drin schlief, hatte er ein Gesicht: ihm träumte, der Gott nehme ihm die Pfeilspitze aus der Lunge. Als der Tag anbrach, kam er gesund heraus und trug die Pfeilspitze in seinen Händen." (Iámata nr. 30).

Interessant ist folgender Fall, eine merkwürdige Mischung aus Traum, Vision und Realerlebnis: „Aristagora aus Troizen. Sie hatte einen Bandwurm im Bauche und schlief in Troizen im Tempelbezirk des Asklepios und hatte einen Traum: ihr träumte, die Söhne des Gottes, der nicht dort, sondern in Epidauros war, hätten ihr den Kopf abgeschnitten; als sie ihn aber nicht wieder aufsetzen konnten, hätten sie nach Asklepios geschickt, damit er komme. Inzwischen bricht der Tag an, und der Priester sieht deutlich den vom Leib abgetrennten Kopf. In der folgenden Nacht hatte Aristagora ein Gesicht: sie träumte, der Gott komme aus Epidauros und setze ihr den Kopf auf den Hals; darauf habe er ihr den Bauch aufgeschlitzt, den Wurm herausgenommen und dann wieder zusammengenäht. Und darauf wurde sie gesund." (Iámata nr. 23).[26]

Soweit die Heilschlaf- und Wunderberichte. – In der Regel sind, wie diese Berichte zeigen, die Traumweisungen durch Asklepios deutlich genug. Doch gelegentlich ist es nötig, zur Klärung einen kundigen Priester und Interpreten heranzuziehen (vgl. Iámata nr. 49). Nach dem Heilschlaf und gegebenenfalls

---

[26] Alle angeführten Iámata-Zitate aus: Der Arzt im Altertum, Griechische und lateinische Quellenstücke von Hippokrates bis Galen, hg. u. übers. v. W. Müri, München, Zürich 1986^5, S. 432-437.

nach der Heilung schlossen sich die Dankopfer und Dankesgaben an. Teilweise ordnet Asklepios an, wie das Dankesopfer beschaffen sein soll. Im Fall des Marcus Iulius Apellas befahl er, dass der Geheilte unter anderem seinen Heilbericht niederschreiben solle (IG IV^2 126). Diese Art der Danksagung war generell verbreitet. Zudem wurden, je nach Möglichkeit, kleinere oder größere Dankopfer gebracht: Tieropfer, etwa ein dem Asklepios heiliger Hahn, kleine und große Votivgaben, darunter auch kleine Ton-Nachbildungen der geheilten Körperteile, kostbare Weihegeschenke (etwa eine Statue oder ein Relief), Geld.[27]

Es sollte vielleicht abschließend noch erwähnt werden, dass nicht nur die Kranken und Heilbedürftigen selbst, sondern auch Stellvertreter derselben den Inkubations-Ritus durchführen konnten. Eine der epidaurischen Inschriften berichtet von einer Mutter, die stellvertretend für ihre kranke Tocher inkubierte (Iámata nr. 21). Doch stellvertretende Inkubation scheint in den Asklepieien eher selten vorgekommen zu sein.[28]

---

[27] Vgl.: Wacht, M.: a.a.O., Sp. 226.
[28] Vgl.: Wacht, M.: a.a.O., Sp. 224.

3 Höhlen-Visions-Mantik

Die Asklepios-Heiligtümer waren die berühmtesten und weitverbreitetsten antiken Heilorte und Tempelschlaf-Stätten. Doch bei weitem nicht die einzigen. Es wird ebenso von Isis-, Serapis- und Dioskurentempeln, ganz vereinzelt auch von Apollontempeln berichtet, in denen Heilschlaf praktiziert wurde. Auch der legendäre Seher und Heros Amphiaraos hatte im attischen Oropos und anderswo Tempelschlaf-Stätten mit Inkubationshallen.[29] Bei all diesen Orakeln bediente man sich in erster Linie der Traum-Mantik. Das Schlafen und Träumen in Tempeln oder in den neben den Tempeln erbauten Inkubationshallen bot hier den entscheidenden Zugang zur Heil- und Orakel-Gottheit. Ähnlich und doch anders verhielt es sich bei den Stätten, an denen Höhlen-Visions-Mantik betrieben wurde. Hier inkubierte man in Höhlen oder höhlenartigen unterirdischen Räumen. Und natürlich kam es dort auch zu Träumen. Was jedoch im Vordergrund zu stehen schien, was man in erster Linie erreichen wollte, waren Visionen. Knapp formuliert: bei den Tempelschlaf-Kulten stand die „Traum-Suche", bei den Höhlen-Kulten die „Visions-Suche" im Vordergrund. Diese Unterscheidung lässt sich freilich nicht bis ins Letzte durchziehen, es gibt zahlreiche Übergänge und Ausnahmen.

---

[29] Vgl.: Wacht, M.: a.a.O., Sp. 195ff; 184f.

3.1 Allgemeines

Ganz generell kann man sagen, dass mit den Höhlenkulten und der Höhlen-Visions-Mantik ein religionsgeschichtlich gesehen viel archaischeres (vorolympisches) Terrain betreten wird. Schon allein die Tatsache, dass sich Menschen für kürzere oder längere Zeit aus kultischen Gründen in eine Höhle zurückziehen, dort in der Dunkelheit fasten, opfern, wachen (aber auch: schlafen), beten, dort Kontakt zu unterirdischen chthonischen Gottheiten und Heroen suchen, ist durch und durch archaisch. Auch liegt es auf der Hand, dass die Abgeschiedenheit, Dunkelheit und Unheimlichkeit, die Höhlen normalerweise mit sich bringen, auf eine viel radikalere Weise die menschliche Psyche zu beeinflussen in der Lage sind, als dies in einer Asklepios-Inkubations-Halle der Fall ist. Man betritt mit den Höhlen viel ernsteres Terrain. Die Welt der Schatten und Totengeister ist hier ganz nah, der Tod ist allgegenwärtig. Der psychische Druck, der auf dem Heilsuchenden lastet, ist ungleich höher. Die Höhlensituation ist geprägt von absoluter Ausgesetztheit, von Ausgeliefertsein und nackter Angst. Es ist verständlich, dass genau diese Extremsituation und der mit ihr verbundene psychische Druck visionäres Erleben begünstigen, fördern, ja regelrecht provozieren.

Einen ersten Eindruck davon, wie die alten Griechen und Römer Höhlen erlebten, vermittelt Pomponius Mela in seiner Schrift „De Chorographica". Er beschreibt darin die berühmte korykische Höhle am Parnassos: „Oben ist die korykische Höhle mit einzigartigem Ingenium und großartig fast über das Maß des Beschreibbaren hinaus. Unmittelbar am höchsten Scheitel des Berges, der dem Gestade anliegt und mit einem Abhang von 10 Stadien reichlich steil ist, klafft sie nämlich mit gewaltiger Kluft und öffnet ihn. Tief eingelassen, grünt sie sodann immer üppiger von ringsum die Abhänge bedeckenden Hainen, und das Ganze ist seitlich von einem Wälderkranz umschlossen: so wunderbar und schön, dass es die Gemüter der Hinzutretenden momentan aus der Fassung bringt, wo auch im Beschauen verharrt zu haben nicht sättigen wird. ... Drin ist der Raum schauerlicher, als dass jemand vorzudringen wagte, und daher unbekannt. Die ganze Höhle aber ist weihevoll erhaben und wahrhaft heilig, würdig, von Göttern bewohnt zu werden, und das wird auch geglaubt. Alles ist ehrwürdig und offenbart sich gleichsam mit einer Art von Numen." (1, 13, 72-75).

Leider ist nicht allzuviel bekannt über antike mantische Höhlenkulte. So gut und detailliert die Überlieferungslage bei den Asklepios-Kulten ist, so ungenügend ist sie bei den Höhlen-Visions-Kulten. Das mag damit zusammenhängen, dass diese archaischen Kulte kaum Eingang in die gehobenere Geisteswelt antiker Kultur und Literatur gefunden haben.

Einen wichtigen ersten Hinweis gibt die sagenhafte Gestalt des kretischen Sehers und Reinigungspriesters Epimenides. Wie der Altphilologe Erec Robertson Dodds in seinem Buch über „Die Griechen und das Irrationale" bemerkt, gab es in der frühen Antike „eine Reihe von iatrománteis", also Heilmantiker, Seher und mantische Priesterärzte, „die alle zusammen schamanistische Züge aufweisen". Abaris, Aristeas, Hermotimos von Klazomenai galten als solche Iatromantiker. Einer dieser griechischen „Schamanen" und Iatromantiker scheint auch Epimenides gewesen zu sein. Er ist sogar derjenige, der historisch tatsächlich greifbar ist. Manches an der Gestalt des Epimenides ist zwar Legende, doch eben nicht alles. Ob seine Höhlen-Initiation, wie die Legende angibt, 57 Jahre dauerte, mag bezweifelt werden. Dass er aber in einer Höhle Visionen und mantische Weisheit suchte und fand, darf als sehr wahrscheinlich gelten.[30] Am fundiertesten hat Erwin Rohde in seinem

[30] Dodds, E. R.: Die Griechen und das Irrationale, Darmstadt 1970, S. 77f; vgl. S. 62: „Das Aufsuchen einer heiligen Höhle, um visionäres Wissen zu erlangen, spielt auch in den Legenden ... des Pythagoras eine

berühmten Werk „Psyche – Seelencult und Unsterblichkeitsglaube der Griechen“ die Einzelheiten zusammengefasst: „Als Grossmeister unter diesen zauberhaft begabten Männern erscheint in der Ueberlieferung Epimenides, von Kreta, einem alten Sitze kathartischer Weisheit, stammend, in dem Culte des unterirdischen Zeus in eben dieser Weisheit befestigt. In märchenhafter Einkleidung wird berichtet von seinem langen Aufenthalt in der geheimnisvollen Höhle des Zeus auf dem Ida, seinem Verkehr mit den Geistern des Dunkels, seinem harten Fasten, den langen Ekstasen seiner Seele, und wie er dann, voll bewandert in ‚enthusiastischer Weisheit‘, aus seiner Einsamkeit wieder ans Licht kam. Nun zog er durch die Länder mit seiner heilbringenden Kunst, als ekstatischer Seher Zukünftiges verkündend, verborgenen Sinn des Vergangenen aufhellend, und als Reinigungspriester aus besonders dunklen Frevelthaten erwachsenes dämonisches Unheil bannend. Man wusste von kathartischer Thätigkeit des Epimenides auf Delos und in anderen Städten. Unvergessen blieb namentlich, wie er, am Ende des siebenten Jahrhunderts, in Athen den Abschluss der Sühnung des gottlosen Mordes der Anhänger des Kylon geleitet hatte. Mit wirksamen Ceremonien, wie nur ihn geheime Weisheit sie kennen gelehrt hatte, mit Opfern von Thieren und Menschen, beschwichtigte er den Groll der verletzten und mit diesem Groll die Stadt ‚befleckenden‘ und schädigenden Geister der Tiefe.“[31]

Ebenfalls mit chthonischen Gottheiten und Geistern wurde im Heiligtum des Unterweltgottes Pluton/Hades – der übrigens kein anderer ist als der „unterirdische Zeus“, von dem soeben die Rede war – in Acharaka geheilt. Wie es Manfred Wacht darstellt: „Eine gewisse Besonderheit stellt das Plutonium in

---

Rolle.“. Vgl. hierzu auch: Eliade, M.: Schamanismus und archaische Ekstasetechnik, Frankfurt a. M. 1975, S. 371.

31 Rohde, E.: Psyche, Seelencult und Unsterblichkeitsglaube der Griechen, Bd. 2, Tübingen 1921^7, S. 96-99.

Acharaka bei Nysa am Mäander dar. Nach der Schilderung Strabos (14, 1, 44, 649; vgl. Eustath. ad Dion. Perieg. 1153) suchen in dem prächtigen Hain, der einen Tempel Plutos und Kores enthält, nicht die Kranken selbst Hilfe von den Gottheiten, sondern stellvertretend für sie unterziehen sich die Priester der Inkubation. In einer Prozession bringen sie von Zeit zu Zeit die Götterbilder in eine unterirdische Höhle, das sog. Charóneion, stellen sie auf und bleiben selbst dort mehrere Tage ... Nach vollzogenem Offenbarungsschlaf ordnen sie die Therapie für die Kranken an, die sich in dem Dorf nahe bei der Höhle aufhalten. Der archäologische Befund legt die außerordentliche Bedeutung dieser Orakelstätte nahe und rechtfertigt es wohl, von einem regelrechten ‚Hotelbetrieb in dem Kurort' zu sprechen".[32]

Wacht deutet diesen Ritus als einen Offenbarungsschlaf-Ritus. Doch viel wahrscheinlicher ist es, dass es sich hierbei um einen Visionssuche-Ritus handelt. Denn das mehrtägige Total-Fasten der dortigen Priester in dem unterirdischen Charoneion, verbunden mit der Numinosität und Gefährlichkeit des Ortes (man war der Ansicht, dass das Betreten der Höhle für Ungeweihte absolut todbringend sei), in Kombination mit speziellen Riten, Gebeten, Gesängen (die dort sicher abgehalten wurden, von denen aber meines Wissens nichts bekannt ist) wird in hohem Maße visions-auslösend gewirkt haben.[33]

[32] Wacht, M.: a.a.O., Sp. 209

[33] Vgl. Wacht, M.: a.a.O., Sp. 210 u. 215; vgl. auch das dort (Sp. 195) erwähnte Grotten-Schlaf-Heiligtum des Asklepiossohnes Podaleirios am Gargano.

3.2 Trophonios-Orakel zu Lebadeia

Die bisher genannten Beispiele von Höhlen-Visions-Mantik geben freilich nur ein vages Bild dieser Art von Heil-Ort-Ritualen ab. Anders verhält es sich im Fall des uralten Trophonios-Orakels zu Lebadeia. Vom heiligen Bezirk (sekós) des boiotischen Höhlendaimons und Heros Trophonios ist bei Euripides (480/84/85-406 v. Chr.) die Rede (Ion 300). Diesen heilig-daimonischen Ort und sein Orakel erwähnt zur gleichen Zeit Herodot (8, 134). Auch Lukian (um 120 - um 180 n. Chr.) weiß um das „hieròn Trophoníon“ (nek. 22), einen Kultort, der übrigens „bis in christliche Zeit bestand (IG VII 3462).“[34] Und von Pausanias (2. Hälfte des 2. Jh. n. Chr.) stammt ein detaillierter Bericht über das dortige Orakel-Ritual, der an Deutlichkeit und Authentizität nichts zu wünschen übrig lässt.

Es lohnt, diesen wirklich einzigartigen Bericht in ganzer Länge zu zitieren: „Bei dem Orakel geschieht folgendes. Wenn jemand in die Trophonioshöhle hinabsteigen will, verbringt er zuerst eine bestimmte Zahl von Tagen in einem Hause; das Haus ist dem guten Daimon [Agathos Daimon] und dem guten Geschick [Agathe Tyche] geweiht. Während des Aufenthalts hier vollzieht er die sonstigen Reinigungsvorschriften, darf aber nicht warm baden, sondern zum Baden dient der Fluß Herkyna. Er erhält auch reichlich Fleisch von den Opfern; der Hinabsteigende opfert nämlich dem Trophonios selbst und den Söhnen des Trophonios, dazu dem Apollon und dem Kronos und dem Zeus mit Beinamen Basileus und der Hera Henioche und der Demeter, die sie Europe zubenennen und für die Amme des Trophonios ansehen. Bei jedem Opfer ist ein Seher zugegen und

---

[34] Fabian, K.-D.: Trophonios, in: Der kleine Pauly, Lexikon der Antike, hg. v. K. Ziegler, W. Sontheimer u. H. Gärtner, Bd. 5, München 1979, Sp. 988.

beobachtet die Eingeweide des Opfertieres, und danach verkündet er dem Hinabsteigenden, ob ihn Trophonios günstig und gnädig empfangen werde. Bei den übrigen Opfertieren nun zeigen die Eingeweide nicht ebensogut die Meinung des Trophonios an, aber in der Nacht, in der der Betreffende hinabsteigt, in dieser opfern sie einen Widder über einer Grube, unter Anrufung des Agamedes. Wenn auch die früheren Opfer günstig geschienen haben, hat es nichts zu bedeuten, wenn nicht auch die Eingeweide dieses Widders dasselbe aussagen; wenn aber auch diese die Einwilligung geben, dann steigt jeder hoffnungsvoll hinab, und zwar so. Zuerst führen ihn in der Nacht an den Fluß Herkyna und salben und waschen ihn dabei zwei etwa dreizehn Jahre alte Bürgersöhne, die Hermai heißen. Diese Knaben also waschen den Hinabsteigenden und besorgen sonst das Nötige, dann wird er von den Priestern noch nicht sofort zur Orakelstätte geführt, sondern zu Quellen, die einander ganz nahe sind. Dort muß er das sogenannte Wasser des Vergessens [Lethe] trinken, damit er alles vergißt, was er bisher gedacht hatte, und danach trinkt er ein anderes Wasser des Erinnerns [Mnemosyne], und davon erinnert er sich an das, was er gesehen hat, wenn er hinabgestiegen ist. Er sieht ein Kultbild, das Daidalos gemacht haben soll, und das von den Priestern nur denen gezeigt wird, die zum Trophonios gehen wollen. Nachdem er dieses Kultbild gesehen und verehrt und gebetet hat, geht er zur Orakelstätte, bekleidet mit einem leinenen Chiton und Binden um den Chiton und in einheimischen Sandalen. Die Orakelstätte befindet sich über dem Hain auf dem Berge. Eine Plattform aus Marmor ist ringsum gebaut in der Größe wie eine ganz kleine Tenne ... Auf der Plattform stehen Gitterstäbe, die ebenso wie die sie verbindenden Bänder aus Bronze sind; durch sie ist eine Tür hergestellt. Innerhalb des Bezirks befindet sich ein Erdschlund, der nicht einfach natürlich, sondern künstlich und sorgfältig aufs genaueste gebaut ist. Die Form dieses Bauwerks gleicht einer [bienenkorbförmigen Brot-] Backpfanne

...; wenn jemand zum Trophonios geht, bringt man ihm eine schmale, leichte Leiter. Wenn man hinabgestiegen ist, ist da ein Loch zwischen Boden und Bauwerk ... Der Hinabsteigende legt sich nun auf den Boden, indem er mit Honig gebackene Kuchen in der Hand hält, schiebt zuerst seine Füße in das Loch und folgt dann selber nach, wobei er darauf Bedacht nimmt, daß sich seine Kniee in dem Loch befinden. Der übrige Körper wird dann sofort ergriffen und folgt den Knieen nach, wie der größte und reißendste Fluß einen vom Strudel erfaßten Menschen verschlingt. Von da an ist für die, die in das Allerheiligste gelangt sind, die Art und Weise, wie sie die Zukunft erfahren, nicht ein und dieselbe, sondern der eine sieht, der andere hört etwas. Die Hinabgestiegenen kehren durch dieselbe Öffnung wieder zurück und wieder mit den Füßen voraus. Niemand von den Hinabgestiegenen soll je umgekommen sein außer einem von den Leibwächtern des Demetrios. Der habe aber, wie sie sagen, weder eine der vorgeschriebenen Handlungen im Heiligtum vollzogen, noch sei er überhaupt hinabgestiegen, um den Gott zu befragen, sondern in der Hoffnung, Gold und Silber aus dem Allerheiligsten zu holen. Es wird auch erzählt, daß dessen Leichnam an anderer Stelle aufgetaucht und nicht durch die heilige Öffnung hinausbefördert worden sei. ... Denjenigen, der vom Trophonios heraufkommt, nehmen wieder die Priester und setzen ihn auf den sogenannten Thron des Erinnerns, der nicht weit vom Allerheiligsten steht, und fragen ihn dort, was er gesehen und erfahren hat. Danach überlassen sie ihn seinen Angehörigen. Diese tragen ihn in das Haus, in dem er sich auch vorher aufhielt bei dem guten Geschick [Agathe Tyche] und dem guten Daimon [Agathos Daimon], noch ganz benommen vom Schrecken und ohne Bewußtsein seiner selbst und seiner Umgebung. Im übrigen ist er dann später durchaus nicht weniger bei Verstand als vorher, und das Lachen kommt ihm auch wieder. Ich schreibe das nicht nur vom Hörensagen, sondern weil ich andere gesehen und auch selber das Orakel des

Trophonios befragt habe. Die ins Heiligtum des Trophonios hinabgestiegen sind, müssen das, was jeder gehört oder gesehen hat, auf einer Tafel geschrieben aufstellen.“ (Paus. 9, 39, 5-14).[35]

Die Verweildauer im Höhlenheiligtum des Trophonios schien nicht genau festgelegt gewesen zu sein. Trophonios schien, was die Verweildauer betraf, das letzte Wort gehabt zu haben. Er schien nicht nur signalisiert zu haben, wann es Zeit sei, in die Höhle zu gehen, sondern auch, wann man wieder gehen solle. Wie immer dem auch gewesen sein mag: fest steht jedenfalls, dass man nicht nur kurz, sondern auch länger in der Höhle inkubieren konnte. Plutarch berichtet von einem jungen Mann namens Timarchos. Dieser „stieg zu dem Orakel des Trophonios hinab, verrichtete dort die üblichen Zeremonien und blieb zwei Nächte und einen Tag unten, so dass die meisten ihn schon verloren gaben, und seine Angehörigen ihn beweinten, kam aber eines Morgens ganz heiter herauf, betete dann zu den Göttern und erzählte uns nachher, sobald er sich der Volksmenge entwunden hatte, vieles Wunderbare, das er gesehen und gehört.“ (de genio Socr. 21). Das Wunderbare, von dem dieser Timarchos erzählte, war eine große metaphysische Vision, die er in der Höhle hatte.

---

[35] Zit. aus: Pausanias: Beschreibung Griechenlands, Bd. 2, hg. u. übers. v. E. Meyer, Zürich 1952, S. 472-475.

4 Apollon-Medium-Mantik

4.1 Allgemeines

Der Heilschlaf in den Asklepieien wurde in der Regel von den Heilsuchenden selbst abgehalten. Stellvertretende Inkubation war dort die Ausnahme. Nicht so im Plutonion von Acharaka: hier waren es Priester, die stellvertretend inkubierten und dann die therapeutischen Anweisungen, die sie in Traum und Vision empfangen hatten, an die Heilsuchenden weitergaben. Anders beim Trophonios-Orakel: hier musste jeder selbst inkubieren und sich in Visionen und Auditionen Rat erteilen lassen. Das Trophonios-Orakel war, wie auch das Asklepios-Orakel, in erster Linie ein Eigen- und eben kein Stellvertreter-Orakel. Wieder anders das Apollon-Orakel: dieses war kein Eigen-, sondern ein Stellvertreter-Orakel. Das mantische Ritual wurde hierbei von berufenen Seherinnen vollzogen. Auch war es eine andere mantische Technik, die hier zur Anwendung kam. Nicht vermittels Inkubation, sondern vermittels einer ekstatischen bzw. tranceartigen Besessenheit, wurde der Kontakt zur Gottheit hergestellt. Die Seherinnen waren medial veranlagte und hochsensitive Frauen, die von Apollon zeitweilig in Besitz genommen wurden. Sie waren berufene Medien, die dem Gott als Sprachrohr für seine Heils- und Wahrsagesprüche dienten. Apollonische Mantik ist vor allem mediumistische Mantik. Das ist auch der Grund, wieso ich hier kurz und bündig von Apollon-Medium-Mantik spreche. Hier das Medium, dort der „Kontroll-Geist", der dann vom in Trance befindlichen Medium Besitz ergreift und durch dessen Mund wahrsagt: das ist der zugrundeliegende Vorgang.

Solche Medien wurden in der Antike gemeinhin Sibyllen genannt. Sibylle: so hieß ursprünglich eine sagenhafte antike Wahrsagerin, die später aber verschiedenen Orten und Zeiten zugeordnet wurde. Der Name Sibylle wurde also im Lauf der Zeit regelrecht zum antiken Fachbegriff für jede Frau, die, von einem Gott besessen, in der Ekstase die Zukunft kündet. Es gab libysche, chaldäische, erythräische, kimmerische, samische, hellespontische, phrygische, tiburtinische Sibyllen. Auf italischem Gebiet kam die Sibylle von Cumae zu einiger Berühmtheit. Das berühmteste und einflussreichste und auch „offiziellste" Orakel der ganzen hellenisch beeinflußten Welt war jedoch zweifellos das Apollon-Orakel zu Delphi. Die delphische Sibylle wurden auch Pythia genannt.

Bevor ich mich den delphischen Seherinnen und ihrem eigentümlichen Orakel- und Heil-Ritus zuwende, möchte ich kurz die Frage „Wer ist Apollon?" beantworten. Apollon ist neben Zeus wohl der entscheidenste Olympier. W. F. Otto nennt ihn gar den „griechischste[n] aller Götter".[36] Seine zentrale Stellung verdeutlicht folgender Mythos: Zeus hätte von den Enden der Welt Adler (oder Schwäne) losgesandt. Sie trafen sich in der Weltmitte, in Delphi. Der Punkt ihres Zusammentreffens wurde durch einen eiförmigen Stein markiert: den Omphalos, d. h. Nabel (vgl. Plut. def. orac. 1). An diesem Weltmittelpunkt erhielt Apollon, Zeus' liebster Sohn, sein Heiligtum.[37]

Apollon wird mit einem wichtigen und alten kultischen Beinamen als der „Fernhintreffende" (hekatebólos) bezeichnet (vgl. Pind. O. 9, 5; aber auch Hom. Il. 1, 14 u. 96 sowie Hom. h.

---

[36] Otto, W. F.: Die Götter Griechenlands, Frankfurt a. M. 1987^{8}, S. 99.

[37] Vgl. auch: Giebel, M.: Das Orakel von Delphi, Geschichte und Texte, Stuttgart 2001, S. 7.

3, 157). Er sendet Orakelspruch, Krankheit und Heilung aus der Ferne. Deshalb ist auch eines seiner wichtigsten Attribute der Bogen. Die Statue des sogenannten vatikanischen Apollon gibt eine eindrückliche Vorstellung von diesem fernhintreffenden Gott, der soeben einen Pfeil von der Sehne hat fliegen lassen; der erste Gesang der Ilias ebenfalls: in ihm wird beschrieben, wie der zürnende Apollon die Pest ins Lager der Achaier schickt. „Schnell von den Höhn des Olympos enteilte er, zürnenden Herzens, über der Schulter den Bogen und ringsverschlossenen Köcher. Hell umklirrten die Pfeile dem zürnenden Gotte die Schultern, wie er selbst sich bewegte, der düsteren Nacht zu vergleichen. Fern von den Schiffen setzt' er sich nun und schnellte den Pfeil ab, und ein schrecklicher Klang entscholl dem silbernen Bogen. Maultiere nur erlegt' er zuerst und hurtige Hunde, dann aber gegen sie selbst [die Achaier] die bitteren Pfeile gerichtet, traf er, und rastlos brannten die Totenfeuer in Menge." (Hom. Il. 1, 44-52).

Apollon ist der unnahbare Gott, der blitzschnell aus der Distanz eingreift. Er kann zürnen: dann ist er – obwohl er sonst auch Phoibos, d. h. der Strahlende, Reine und Reinigende, genannt wird – dunkel und düster wie die Nacht. Er kann aber auch Sühne annehmen, reinigen und verzeihen. Dann ist er der helle und leuchtende Gott, der auch mit der Sonne verglichen und als Helios gepriesen wird. Dann singt man ihm einen feierlichen Gesang. Dieser Gesang heißt *paián* (vgl. Hom. Il. 1, 450ff). *Paían* bedeutet aber auch Retter, Helfer, Arzt, Heiland. In dieser Bedeutung kann das Wort als ein weiterer (Bei-)Name Apollons fungieren.

Ein anderes wichtiges Attribut Apollons ist die Leier. Sie weist auf seine Rolle als Sänger und Musenführer (Apollon Mousagetes), als Gott der Musenkunst, hin (vgl. Hom. Il. 1, 603f; Hom. h. 3, 182ff). Auch mit ihr zeigt sich Apollon als ein „Fernhintreffender". Nur sind die „Pfeile", die er mit der Lyra abschießt, „süße, rühmende, hymnische Pfeile". Es sind

„Gesangespfeile“, die gleichfalls aus der Ferne und direkt wirken. Ganz so, wie es der durch und durch apollinische Dichter Pindar singt: „Doch jetzt richte mit dem weittreffenden Bogen der Musen solch preisende Geschosse auf den rotblitzenden Zeus und die heilige Burg von Elis ... Ziele mit deinem geflügelten Pfeil auch auf Pytho, dass er den Sieg dort versüße. Wahrlich, nicht verhallen wird der Preis, an den du dich machst, wenn du die Leier schlägst für einen Sieger im Ringkampf“ (O. 9, 1, 5-13).

Apollon ist nicht nur Schütze und Sänger. Er ist auch und vor allem Orakelgott. „Mein sei Leier und krummer Bogen, die werde ich lieben, und ich künde den Menschen des Zeus untrüglichen Ratschluß“, so sagt Apollon von sich selbst (Hom. h. 3, 131f). Hier zeigt er sich nicht nur als Fernhintreffender – denn seine Orakelsprüche, wenn sie auch für den Menschen zunächst oft dunkel bleiben, treffen doch untrüglich ihr Ziel –, sondern als Fernhinblickender. Zwar überwältigt er die ihm geweihte Seherin, nimmt sie in Besitz und verkündet den Orakelspruch durch ihren Mund (vgl. etwa Aischyl. Ag. 1080ff) – ist also in dieser Hinsicht der Besessenen ganz nahe. Den normalen Menschen jedoch bleibt er, gerade deshalb, umso ferner. Auch die aus Delphi überlieferten Weisheitsworte „Erkenne dich selbst“ – d. h. erkenne die unüberwindliche Distanz, die dich als sterblichen Menschen von den unsterblichen Göttern trennt[38] – und „Nichts im Übermaß“ (vgl. Paus. 10, 24, 1) weisen Apollon als den in Distanz befindlichen, fernhinblickenden, rat- und maßerteilenden Gott aus. Als Schutzgott der Seher und Seherinnen kennt ihn schon die Ilias (1, 8ff u. 72). Als

---

[38] Vgl. hierzu die bezeichnende Stelle der Ilias, an der Apollon dem im Toben des Kampfes über sich selbst hinauswachsenden Diomedes „mit schrecklichem Ruf“ entgegendonnert: „Hüte dich, Tydeus’ Sohn, und weiche mir! Wage mitnichten, gleich dich den Göttern zu dünken; denn nie sind gleichen Geschlechtes selige Götter und Menschen, die wandeln über die Erde!“ (Hom. Il. 5, 439-442).

panhellenischer Schutzgott hat er sich durch manchen Orakelspruch, der die Griechen vor dem Untergang bewahrte,[39] gezeigt.[40]

[39] ... etwa den zur Seeschlacht bei Salamis ratenden, vgl.: Hdt. 7, 141.
[40] Vgl. zu diesem ganzen Abschnitt: Otto, W. F.: Die Götter Griechenlands, a.a.O., S. 78-102.

4.2 Apollon-Orakel in Delphi

Die Apollon-Orakel hatten in der Regel eine andere kultische Funktion als die Asklepios-Heilstätten. Sie waren kein Kur-, sondern Wahrsage-Orte. Sie wurden wegen öffentlichen und politischen, aber auch wegen persönlichen und therapeutischen Belangen konsultiert. Fragen, die der Pythia gestellt wurden, lauteten in etwa folgendermaßen: „Soll Krieg gegen das Nachbarvolk geführt werden? Und wenn ja, wie, wann und wo?“ oder: „Welche Staatsverfassung ist die beste?“, „Wie können die angreifenden Perser am besten abgewehrt werden?“, „Soll der Sumpf vor unserer Stadt trockengelegt werden?“, „Wie lange wird der Wohlstand unserer Stadt währen?“ usw. Die Sprüche des Apollon, die durch den Mund der Sibyllen verkündet wurden, schlichteten Parteienhader, bestätigten oder begründeten Gesetze und Institutionen, gaben politischen Rat in Krieg und Frieden, bestimmten die Vorgehensweisen, die nötig waren, um Fluch, Krankheit und Dürren von einer Stadt zu verbannen.[41] Ein schönes Beispiel gibt diesbezüglich Pausanias: das Trophonios-Orakel, so sagt er, das „früher nicht bekannt war, haben die Boeoter aus folgendem Grund kennengelernt. Sie schickten einmal Gesandte von jeder Stadt nach Delphi, da es bereits im zweiten Jahr bei ihnen nicht regnete. Als sie um Behebung der Dürre baten, befahl ihnen die Pythia, zu Trophonios nach Lebadeia zu gehen und von ihm das Heilmittel zu erfahren. Als sie nun nach Lebadeia kamen und das Orakel nicht finden konnten, da sah einer von den Männern aus Akraiphnion, Saon, – er war auch der älteste der Gesandtschaft –, einen Bienenschwarm ..., sie sollten folgen, wohin sie sich wenden würden. Sofort sah er die Bienen an dieser Stelle in die Erde hineinfliegen und tauchte mit ihnen in die Orakelstätte ein. Dieser Saon soll von Trophonios den bestehenden Ritus,

---

[41] Vgl. hierzu: Giebel, M.: a.a.O., S. 69ff.

und was sie sonst betreffs des Orakels tun, erfahren haben.“ (40,1f).

Diese Geschichte zeigt recht gut, dass Apollon unter anderem auch ein Heil- und Helfergott war, seine Orakel-Stätte unter anderem auch eine Heilstätte. Man suchte und fand dort das bedrohte oder verloren gegangene Heil. Nicht umsonst wird Apollon, wie übrigens auch sein Sohn Asklepios, als Paian und Soter, als Helfer und Heiland angerufen.

Apollons Helfer- und Heilerfunktion zeigt sich auch in den privaten Angelegenheiten, in denen sein Orakel konsultiert wurde. Diesbezügliche Fragen lauteten in etwa: „Soll ich an diesem Beutezug teilnehmen?“, „Wird diese Reise zu meinem Vorteil ausschlagen?“, „Wie soll ich mein zukünftiges Leben gestalten?“, „Soll ich heiraten?“, „Was kann ich gegen meine Krankheit tun?“. Apollon wurde auch wegen Kinderlosigkeit und Missernten konsultiert. Beinahe bei allen Arten von Alltagsproblemen konnten man sich an Apollon wenden, selbst die Frage: „Wo finde ich den versteckten Schatz?“ wurde ihm vorgelegt.[42]

Streng geregelt war die Reihenfolge der Befragungen: „Für die Konsulenten war eine Reihenfolge festgelegt: Zuerst kamen die Einwohner von Delphi, dann die Mitglieder der Amphiktyonie (der ‚Umwohner‘), eines Bundes griechischer Stämme, die sich zum Schutze des delphischen Heiligtums zusammengeschlossen hatten. Nach diesen wurden diejenigen griechischen Abordnungen aufgerufen, welche die Promantie besaßen, das Vorrecht auf Befragung. Diese Bevorzugung wurde ehrenhalber verliehen, an verdiente Hellenen wie Athener und Spartaner, aber auch an großzügige Spender wie den sagenhaft reichen König Kroisos von Lydien. Im Allgemeinen galt: zuerst die Griechen, dann die Barbaren.

[42] Vgl. hierzu: Giebel, M.: a.a.O., S. 76ff.

Über die Reihenfolge der nicht Bevorrechtigten entschied das Los. Einzelpersonen wie Delegationen mussten sich einführen lassen durch ihren próxenos, den Gesandten und Geschäftsträger ihrer Stadt."[43]

Bevor dann die Orakelsuchenden zur Pythia vorgelassen wurden, gab es ein Opfer. Bei diesem Opfer wurde das Opfertier rituell übergossen. Begann es daraufhin zu zittern, so galt das als gutes Vorzeichen. Man glaubte, dass der Zeitpunkt jetzt günstig, die Pythia in der erforderlichen Stimmung und die Gottheit zur Auskunft bereit sei. Blieb das Zittern des Opfertieres aus, sollte man besser warten (vgl. Plut. def. orac. 51). Falls die Zeichen aber günstig waren, wurden die Orakelsuchenden in den Apollontempel in einen Raum direkt neben dem Allerheiligsten (Adyton) geführt; „sie stellten ihre Fragen wohl nicht unmittelbar an die Pythia, sondern an den Prophetes [den vermittelnden Oberpriester]. Dies galt auf jeden Fall für Abgesandte, die ihre Anliegen schriftlich mitbrachten, in versiegelter Form, und sie dem Prophetes zum Vorlesen übergaben. Privatleute konnten ihre einfacheren Fragen mündlich stellen. Hierauf war oft nur eine knappe Antwort in Form eines Ja oder Nein erforderlich. Sie alle hörten die Stimme der antwortenden Priesterin, die selber wohl hinter einem Vorhang saß."[44] Nachdem Apollon durch den Mund der Pythia seinen Orakelspruch verkündet hatte, zeichnete der Oberpriester allein, oder unter Zuhilfenahme der Hosioi genannten Unterpriester, die Sprüche auf. Deshalb war es den Delegationen und Privatleuten möglich, schriftlich fixierten Sprüche mit nach Hause zu nehmen. Allem Anschein nach redigierten und deuteten die Priester die Sprüche nicht oder kaum: sie behielten den für Apollon so typischen dunklen, mehrdeutigen Charakter.[45] Nicht umsonst heißt es bei Heraklit:

[43] Giebel, M.: a.a.O., S. 17f.
[44] Giebel, M.: a.a.O., S. 24.
[45] Vgl.: Giebel, M.: a.a.O., S. 25.

„Der Herr, dem das Orakel von Delphi gehört, erklärt nicht, verbirgt nicht, sondern deutet an.“ (DK 22 B 93).

So hat sich das Verfahren für die Orakelsuchenden dargestellt. Wie aber für die Pythia? Welche Rituale hat sie vollzogen? Aus der Überlieferung lässt sich ungefähr folgendes Bild gewinnen: Die Quelle Kassotis, von der man sagte, „daß ihr Wasser in die Erde eindringe und im Allerheiligsten des Gottes die Frauen hellsehend mache“ (Paus. 10, 24,7), hat bestimmt eine wichtige Rolle im Wahrsage-Ritual gehabt. Ob sich die Pythia zur Reinigung darin gebadet hat, wird vermutet; dass sie daraus getrunken hat, bevor sie den Dreifuß bestieg, darf – zumindest für spätere Zeit – als sicher gelten. Ebenso kam dem heiligen Baum des Apollon, dem Lorbeerbaum, und seinen Blättern eine wichtige Rolle zu. Beim Orakeln selbst saß die Pythia auf dem Dreifuß (vgl. Plat. leg. 719c). All die rituellen Vorbereitungen werden dann beim Niedersitzen auf dem Dreifuß und im Verein mit gewissen Gebeten und Gesängen die prophetische Ekstase bzw. die mediumistische Trance ausgelöst haben.[46]

Eine angemessene Rekonstruktion des Orakel-Rituals der delphischen Pythia bietet Dodds: „Sie nahm ein Bad, vermutlich in der Kastalia, und trank vielleicht aus einer heiligen Quelle [Kassotis]; sie stellte den Kontakt mit dem Gotte durch seinen heiligen Baum, den Lorbeer, her, indem sie entweder einen Lorbeerzweig in Händen hielt wie ihre Vorgängerin Themis auf einer Vase aus dem fünften Jahrhundert oder indem sie den Rauch verbrannter Lorbeerblätter einatmete, wie Plutarch von ihr berichtet. Manchmal kaute sie vielleicht auch diese Blätter, wie Lukian erzählt. Schließlich nahm sie auf dem Dreifuß Platz

[46] Vgl.: Rohde, E.: Psyche, Bd. 2, a.a.O., S. 58ff; aber auch: Duerr, H. P.: Traumzeit, Über die Grenze zwischen Wildnis und Zivilisation, Frankfurt a. M. 1985, S. 318ff.

und schuf dadurch einen weiteren Kontakt mit dem Gotte, daß sie seinen Ritualsitz einnahm."[47]

Nicht vorenthalten möchte ich einen interessanten Bericht einer missglückten Orakelsitzung. Er wirft noch einmal von einer anderen Seite ein Licht auf das delphische Orakel-Ritual. Plutarch, der ja in vorgerückten Jahren selbst ein Priesteramt in Delphi inne hatte, berichtet von einer Pythia, die, obwohl die Vorzeichen ungünstig waren (das Opfertier begann nicht in der vorgeschriebenen Weise zu zittern), von den Priestern überredet wurde, den Orakelsitz zu besteigen. „Es waren Leute aus der Fremde gekommen, das Orakel zu befragen, das Opfertier aber blieb, so sagt man, bei dem ersten Begießen unbeweglich und ohne Empfindung; als aber die Priester alle Mühe anwendeten, gab es zuletzt, wie mit einem Regen überschüttet und überschwemmt, ein Zittern von sich. Wie ging es nun mit der Pythia? Sie trat, so erzählt man, in das Heiligtum, wider ihren Willen und ohne Lust ein und schon bei ihren ersten Antworten merkte man aus der rauhen Stimme, dass sie, wie ein von Winden fortgerissenes Schiff sich nicht halten könne, weil sie von einem stummen, bösen Geist erfüllt war; zuletzt war sie ganz verwirrt, stürzte unter furchtbarem Geschrei der Türe zu und warf sich auf die Erde, so dass nicht bloß die das Orakel Befragenden, sondern auch der Prophet Nicander und die anwesenden Hosier die Flucht ergriffen. Doch gingen sie bald nachher wieder hinein und ließen die Frau, die ohne Bewusstsein war, wegbringen. Aber sie überlebte den Vorfall nur wenige Tage. ... man achte daher auch, ehe man das Orakel befragt, auf die Zeichen, weil man glaubt, dass es der Gottheit am ersten bekannt sei, wann die Pythia in der erforderlichen Stimmung sich befinde, um ohne Nachteil die Inbesitznahme durch den Gott auszuhalten." (Plut. def. orac. 51).

[47] Dodds, E. R.: a.a.O., S. 45f; vgl. auch: Giebel, M.: a.a.O., S. 18.

Das Allerheiligste (Adyton) des Apollontempels soll der (hellenistischen) Überlieferung zufolge über einem Erdspalt erbaut worden sein. Aus diesem Erdspalt soll ein göttlicher Dampf entstiegen sein, der die weissagende Pythia, die über ihm, auf dem berühmten Dreifuß, ihren Orakelsitz hatte, in mantisch-hellseherische Trance versetzt haben soll. Wenn auch die archäologischen Befunde gegen eine solche Erdspalte sprechen,[48] muss das nicht heißen, dass es diesen göttlichen „Dampf" und „Aushauch" nicht gegeben hätte. Nur darf man dann eben – wie im Hellenismus, aber auch im 19. Jahrhundert teilweise geschehen – „Dampf" und „Aushauch" nicht materialistisch, sondern eben mythisch verstehen. Ein anderes Wort für göttlich-daimonische Besessenheit war nämlich – wie oben bereits erwähnt – pneumátos und pneumatophóros: angehaucht, eingehaucht, von göttlichem Anhauch erfüllt. Und diese Anhauchungsqualität kommt nun jedem daimonischen Ort zu, ob er nun eine Erdspalte mit entweichenden Dämpfen hat oder nicht. Deutlich zeigt das eine Stelle in der Longinos-Schrift „Vom Erhabenen", in der er von den göttlich inspirierten Dichtern sagt: „Viele werden nämlich durch fremden Anhauch mit Gott erfüllt [theophoroûntai pneúmati], ganz so, wie man von der Pythia berichtet. Nähert sich diese nämlich dem Dreifuß bei einem Erdspalt, hauche dieser, wie man sagt, göttliche Dämpfe [atmòn éntheon] aus, und sie empfängt davon göttliche Kraft [daimoníou dynámeos: also eigentlich daimonische Kraft] und weissagt sogleich durch des Gottes Anhauch [epípnoian]." (Longin. hyps. 13, 2). Hier zeigt sich deutlich, dass weniger ein gasartiges Substrat, als vielmehr die „pneumatisch-daimonische" Potenz des Ortes das Entscheidende ist.[49] Nicht umsonst sagt

---

[48] Vgl. hierzu: Dodds, E. R.: a.a.O., S. 46.

[49] Klar hierzu Marion Giebel: „Es wird zwar bisweilen von einem *chásma gês*, einem Erdspalt, gesprochen, vom Hinabsteigen der Pythia und der Pilger, doch hat man bei den archäologischen wie den geologischen Forschungen keinen unterirdischen Raum und keine für

Hesiod in der Einleitung seiner Theogonie, dass die Musen ihn, als er als Hirte am Berg Helikon die Herden seines Vaters weidete, zum Dichter weihten, indem sie ihm den göttlichen Gesang (aoidèn théspin) *einhauchten* (enépneusan), „zu sagen, was war und was sein wird.“ (theog. 31f). Nicht nur die helikonischen Musen halten sich mit Vorliebe bei einer Quelle im Gebirge auf, wo sie nächtens tanzen und singen (theog. 1-10); auch von anderen Musengestalten (z. B. den pierischen und parnassischen) wird Ähnliches berichtet, weshalb manche Forscher sie in die Nähe von Quell- und Bergnymphen (Naiaden und Oreaden) – und damit in die Nähe von Ortsdaimonen – gerückt haben.[50]

---

einen Spalt durchlässigen Erdschichten gefunden. ... Man stieß aber auf eine etwas tiefer liegende Aussparung im Steinboden, eine Art Grube mit blankem Erdboden, zu der man auf einigen Stufen hinabstieg. Wenn hier der Dreifuß der Pythia stand, so hatte er Verbindung zur Erde und ihren Urkräften. Solche Stellen sakraler Erdhaftung, die nicht überbaut wurden, finden sich auch an anderen heiligen Stätten, so in der Apsis des Heiligtums auf Samothrake, wo die Einweihung in den Kult der Großen Götter ihren Höhepunkt hatte, oder im Telesterion von Eleusis, wo das Anaktoron, die Stelle, an der im ersten Tempel die Göttin Demeter selbst gesessen hatte, stets erhalten blieb und das Zentrum der Weihehalle der Mysterien bildete. Wenn der Erdspalt also mehr spirituell als geologisch zu deuten ist, so bedeutete dies: Apollon bedient sich der ‚ererbten‘ Kräfte der Erdentiefe. Dann müssen wir uns auch die Pythia nicht als von Dämpfen umnebelt vorstellen. So hat man gesagt: ‚Das delphische Pneuma war materiell nicht erfassbar, eine übernatürliche, nicht physikalische Ausströmung, der Orakelatem‘ (Georges Roux).“ Giebel, M.: a.a.O., S. 18ff.

[50] So z. B.: Otto, W. F.: Die Musen und der göttliche Ursprung des Singens und Sagens, Darmstadt 1956^2; S. 29f; v. a. aber: Koller, H.: Musik und Dichtung im alten Griechenland, Bern 1963, S. 38; und: Muthmann, F.: Mutter und Quelle, Studien zur Quellverehrung im Altertum und im Mittelalter, Basel 1975, S. 105f.

5 Heilquellen-Kult und Quellen-Inkubations-Mantik

5.1 Heilquellen-Kult

Beim Quellkult zeigt sich, dass antike Heil-Ort-Rituale nicht immer und zwangsläufig mantische Rituale sein müssen. Eine Quelle kann auch und vor allem wegen der bewährten Heilwirkung ihres Wassers aufgesucht werden.[51] Man pilgert zur Quelle, schöpft dort mit einer Schöpfkelle Wasser aus dem Quellbassin, spricht ein Gebet und Gelübde, trinkt das Heilwasser, opfert das Schöpfgefäß und/oder ein Votivtäfelchen an der Quelle und geht wieder nach Hause.

In den norditalienischen Alpen, im obersten Piavetal, findet sich Calalzo „Làgole", ein Quellheiligtum, an dem seit 1914 unzählige Weihgegenstände geborgen werden konnten. Dieses Quellheiligtum wurde vom 3./2. Jahrhundert v. Chr. bis zum 4. Jahrhundert n. Chr. – also bis zur Christianisierung – (und wie es aussieht, ausschließlich von Männern) besucht. Verehrt wurde ein Heilgott mit dem venetischen Namen „Trumusijat(is)", der dann später als „Trumasiat(is)" einlatinisiert wurde. Dieser Heil- und Quellgott wurde schließlich vom römischen Apollo überformt.

---

[51] Aristeides beispielsweise lobt den Brunnen im Asklepios-Heiligtum von Pergamon v. a. wegen seiner Heilkraft (or. 39).

Weihgegenstände waren: „Bronzetafeln mit und ohne bildlicher Darstellung, kleine Figürchen aus Bronze, meist Krieger, aber auch Götter der männlichen Sphäre (Hercules, Iuppiter, Victoria, Mercur) und der Heilgott ‚Apollo‘ selbst, größere Gefäße, Schöpfkellen, Gürtelhaken, Fibeln und Votivbilder aus Bronze in Form jener Körperteile, für die Heilung erhofft wurde, aus Eisen geschmiedete Schwerter, Messer, Dolche und sogar eine Sense; in römischer Zeit auch Münzen (etwa 80 v. Chr. bis 340 n. Chr.). Die Inschriften befinden sich vor allem auf den Bronzetafeln, -figürchen und -schöpfkellen. Letztere dienten zum Schöpfen und Trinken des heilkräftigen Wassers, trugen auf dem Stiel meist eine Weihinschrift und wurden nach dem Gebrauch zerbrochen und als Opfer am heiligen Ort niedergelegt, wie die anderen Gegenstände auch. Zum Kult gehörten auch große Feuer, an denen vielleicht geschmaust und getrunken, sicherlich aber geopfert wurde; die Massen von verbrannten Tierknochen und zerschlagenen Tongefäßen sind nur mit ... Brandopferplätzen zu vergleichen.“[52]

Drei Beispiele von auf Schöpfkellen eingeritzten Weihinschriften: das erste aus venetischer Zeit: „Suros Resunkos tonasto Trumasiatin. ... Surus Resun(i)cus hat (dies der Gottheit) Trumasiat(is) gegeben.“ Folgende Weihinschriften stammen aus römischer Zeit: „L(ucius) Apinius L(ucii) f(ilius) Trum[sia]tei v(otum) s(olvit) l(ibens) m(erito). Lucius Apinius, Sohn des Lucius, hat (der Gottheit) Trumsiat(is) sein Gelübde eingelöst, gern und nach Gebühr.“ Später wurde der einheimische Gott durch den römischen Apollo überformt: „Firmus Vettius Apolini v(otum) s(olvit) l(ibens) m(erito)“: Firmus Vettius hat dem Apollo sein Gelübde eingelöst, gern und nach Gebühr.[53]

Ein anderes Beispiel einer allem Anschein nach unmantischen Heilquelle bietet die sogenannte Silberschale von Otanez

[52] Pauli, L.: Die Alpen in Frühzeit und Mittelalter, München 1981^2, S. 178; vgl. auch: S. 179f.
[53] Pauli, L.: a.a.O., S. 179.

(siehe nachfolgendes Bild). Diese Silberschale zeigt die verschiedensten Vorgänge, die an der Heilquelle und in ihrer Umgebung stattfanden. Ganz oben ist die Quellnymphe Umeritana zu sehen. Sie lagert zwischen zwei Bäumen und stützt sich mit dem linken Arm auf eine Quellurne auf, der das Quellwasser entspringt und nach unten abfließt. Rechts neben ihr ist ein Altar für Speiseopfer. Ein auf einen Stock gestützter, kranker, älterer, bärtiger Mann opfert. Links unterhalb der Umeritana steht ein mit einer Toga bekleideter römischer Bürger. Auch er opfert, allerdings auf einem Brandopferaltar. Direkt unterhalb der Quellnymphe schöpft ein jüngerer Mann Wasser aus der Quelle und füllt es in eine Amphore. Rechts neben ihm steht ein anderer junger Mann: dieser reicht einem in einem Sessel sitzenden, kranken, bärtigen Alten einen Becher mit Heilwasser. Noch etwas weiter unten füllt ein dritter junger Mann das in der Amphore gesammelte Heilwasser in ein großes Fass, das sich auf einem Ochsenkarren befindet. Anscheinend wird das Heilwasser abtransportiert, um andernorts Verwendung und Absatz zu finden. Am Rand der Silberschale, die gesamte Darstellung umrahmend, ist zu lesen: SALVS VMERITANA – Heil Umeritana.

Es gab also in der Antike auch unmantische Heilquellen-Rituale. Doch selbst bei diesen scheinbar ganz unmantischen Ritualen lässt sich im Hintergrund das Phänomen des Ortsdaimonismos ausmachen. Denn in antiker Ansicht ist es ein Ortsdaimon, der diesem Ort seine Heilwirkung verleiht. Ein zwar ortsgebundenes, aber eigenständig agierendes göttlich-daimonisches Wesen. Der Werde-, Schutz- und Heilgeist dieses Ortes. Nicht umsonst ist auf der Silberschale von Otanez ganz oben die Quellnymphe Umeritana abgebildet; nicht umsonst ist die ganze Szene mit dem Schriftzug „Salus Umeritana" umrahmt. Ein Daimon namens Umeritana ist das entscheidende Heil-Agens dieses Ortes.

Die sogenannte Silberschale von Otanez.
Heilkult der Quellnymphe Umeritana.
(Abgezeichnet von R. J. Kozljanič)

Oft gibt es Entstehungsmythen, die mit solchen daimonischen Orten engstens verwoben sind. Solche Entstehungsmythen erzählen dann meist, wie sich das daimonischen Wesen seinerzeit einem Menschen zeigte, ihn heilte und/oder ihm aus schwerer Not half. Diese Mythen berichten und begründen also, wie es seinerzeit zu einem spontan-mantischen Ereignis kam, einem Ereignis, das den Ursprung dieses Heil-Ortes und seiner Rituale darstellt. Man sieht: selbst hinter den scheinbar ganz unmantischen Heil-Ort-Ritualen kommt Mantisches zum Vorschein. Und ob sich dann an diesem Ort eine eigentümliche Mantik (etwa eine Traum-Mantik) ausbildet oder nicht, ist hierbei schon fast zweitrangig. Das Entscheidende ist: dieser Ort ist ein daimonischer Ort; d. h. an diesem Ort wohnt ein Daimon, durch den und mit dem geheilt werden kann. Ob nun der Kontakt zu diesem Heil-Daimon mehr psychisch (also mantisch) oder nur physisch (durch Trinken des Heilwassers) hergestellt wird: die Heilung selbst bleibt, antik betrachtet, ein daimonisches Phänomen, engstens verbunden mit dem Ortsdaimon, dem daimonischen Ort.

Psychisches und Physisches spielen am daimonischen Ort eben immer ineinander. Dieses Ineinanderspielen wird besonders augenscheinlich im Fall des keltisch-römischen Quell-Heiligtums des Apollo und der Sirona im Hunsrück. Der dortige Heilkult des Apollo Grannus und der Sirona – die auch dem Aesculapius und der Hygia gleichgesetzt wurden – zeigt, dass und wie sich Asklepios-Heil- und Quell-Heil-Kult vermischen konnten.[54]

---

[54] Vgl.: Weisgerber, G.: Das Pilgerheiligtum des Apollo und der Sirona von Hochscheid im Hunsrück, Bonn 1975, S. 102ff.

5.2 Quellen-Inkubations-Mantik

Dass sich mit heiligen Quellen nicht nur Trink-Rituale, sondern auch eindeutige Inkubations-Rituale verbanden, ist öfters bezeugt. Berühmt ist das Faunus-Orakel von Latium. Es war im heiligen Hain des italischen Natur- und Hirtengottes Faunus verortet. Dem römischen Faunus entspricht in etwa der griechische Pan. Im Faunus-Hain befand sich die Quelle der Nymphe Albunea. In eigentümlicher Weise vermischt sich hier ein Hain-Orakel mit einem Quell-Orakel. In die dort praktizierte Hain- und Quell-Mantik gibt eine Stelle der vergilischen Aeneis Einblick. Wenngleich bei dieser Stelle natürlich dichterische Einbildungskraft mit hereinspielt: im Kern dürfte sie auf einen tatsächlichen Orakelkult zurückgehen. König Latinus, so erzählt Vergil, holt sich bei seinem Vater, dem Gott Faunus, Rat: „Aber der König, erschreckt von den Zeichen, besucht das Orakel seines prophetischen Vaters, des Faunus, und forscht in dem Haine bei Albuneas Quell, der höchsten Nymphe der Wälder, rauschend mit heiliger Flut und Schwefeldünsten im Schatten, und die Italervölker und rings die oenotrischen Lande holen sich Rat hier in Nöten. Wenn hier der Priester die Opfer hergeführt und im Schweigen der Nacht auf geschlachteter Schafe ausgebreitetes Fell sich gebettet und Träume erbeten, schaut er, wie wunderbar seltsam ihn viele Gebilde umschweben, hört auch vielerlei Stimmen, und Zwiesprach darf er mit Göttern pflegen und auch mit Acheron reden tief im Avernus. Hier auch bat nunmehr um Orakel der Vater Latinus, schlachtete hundert wollige Schafe dem Brauche nach und legte hochgebettet sich dann auf die hingebreiteten Felle. Gleich ward aus der Tiefe des Hains der Spruch ihm gegeben“ (Verg. Aen. 7, 81-95).

Es gab auch weniger berühmte Quellheiligtümer, an denen einfachere Menschen einfachere Inkubationsriten vollzogen, ländliche Quellheiligtümer, an denen Hirten inkubierten, wenn sie Hilfe und Heilung nötig hatten. Eine literarisch etwas ausgeschmückte, aber nicht gänzlich unrealistische Szene findet sich in Longos Liebesgeschichte „Daphnis und Chloe". Die Geliebte des Hirten Daphnis wurde von methymnäischen Räubern entführt. Daphnis weiß keinen Rat mehr. In seiner Verzweiflung rennt er zur nahegelegenen Quellgrotte und klagt die dortigen Nymphen an: „‚Von euren Füßen weg wurde Chloe geraubt, und ihr habt es über euch gebracht, das mitanzusehen? Sie, die euch die Kränze geflochten hat, die euch die erste Milch gespendet hat und deren Weihgeschenk, diese Syrinx [Panflöte], noch hier liegt! ... Hier will ich liegenbleiben und auf den Tod ... warten. ...' Indem er so klagt, fällt er, von Weinen und Schmerz erschöpft, in tiefen Schlaf; da erscheinen ihm die drei Nymphen, hochgewachsene und schöne Frauen, nur halb bekleidet und ohne Schuhe, mit herabwallenden Haaren, ganz ihren Bildern gleich. Zuerst, wie es ihm vorkam, bezeugten sie ihm ihr Mitleid, dann spricht ihm die erste Mut zu: ‚Du darfst uns nicht schelten, Daphnis, denn Chloe liegt uns noch mehr am Herzen als dir. ... Und den Pan, der dort oben unter der Fichte steht, und den ihr niemals, nicht einmal mit Blumen, verehrt habt, auch den haben wir gebeten, Chloe zu helfen. ... Und er wird sich jetzt aufmachen und den Methymnäern ein schlimmer Feind werden. ...' Als nun Daphnis dies gesehen und gehört hatte, sprang er aus dem Schlafe auf, und weinend vor Lust und Kummer zugleich kniete er vor den Standbildern der Nymphen nieder und tat das Gelübde, wenn Chloe gerettet würde, wolle er die beste seiner Ziegen opfern. Dann lief er auch zu der Fichte, unter der das Bild des Pan aufgestellt war, bocksfüßig und gehörnt, in der einen Hand die Syrinx und einen zappelnden Bock in der anderen; auch vor diesem kniete er nieder, betete für Chloe und gelobte, ihm einen Bock zu opfern." (2, 22-24).

5.3 Nympholepsie und das Heiligtum bei Vari

Eine hochinteressante legendäre Gestalt mit durchaus schamanischen Zügen ist der zweite römische König Numa Pompilius. Plutarch berichtet von ihm Folgendes: nach dem Tod seiner Frau „verließ Numa die Stadt und hielt sich fast immer auf dem Lande in einsamen Gegenden auf, wo er gern allein in den Hainen der Götter oder in geheiligten Auen umherging. Dies hat wohl am meisten zu der Sage Anlaß gegeben, daß Numa keineswegs aus Betrübnis oder aus Wahnsinn sich der menschlichen Gesellschaft entzogen, sondern mit höheren Wesen in enger Verbindung gelebt habe; daß er sogar der Vermählung mit einer Göttin gewürdigt und durch die Liebe und den vertrauten Umgang mit der [Quellnymphe] Egeria ein beglückter und in allen göttlichen Dingen wohl erfahrener Mann geworden sei." (Num. 4). „Numa ... rühmte sich nicht nur eines geheimen Umganges mit ihr, sondern auch einer öfteren Unterhaltung mit den [quellnymphenartigen] Musen. Er gab sogar vor, daß er die meisten seiner Offenbarungen von den Musen bekäme, und hielt die Römer an, eine von ihnen, die er Tacita, das heißt die Verschwiegene oder Stumme, nannte, vorzüglich zu verehren" (Num. 8).

Numa ist ein zwar legendenhaftes, aber anschauliches Beispiel für einen Nympholeptiker. Nympholeptiker: das sind gemäß antiker Ansicht von Nymphen ergriffene Menschen; Menschen, denen sich Nymphen offenbaren, die von Nymphen in ihre daimonische Weisheit eingeweiht werden. Welcher Art der Mantik sich Numa hierbei bedient haben mag, ist nicht ganz klar. Doch wenn man ganz allgemein davon ausgeht, dass er bei seinem langen Aufenthalt in einsamen Gegenden und an daimonischen Orten dort sicherlich auch geschlafen und geträumt haben wird, liegt Traum-Inkubation auf der Hand. Doch auch die Visions-Inkubation ist mehr als naheliegend für solch einen kompromisslosen und schamanischen „Natur-Daimonen-Sucher“ wie Numa.[55]

Nicht nur Numa, auch Epimenides scheint ein Nympholeptiker gewesen zu sein. Zumindest wird von ihm berichtet, dass er von den Nymphen unterwiesen wurde und dass er fähig war, „streng zu fasten, indem er ausschließlich von einem pflanzlichen Extrakt lebte, dessen geheime Zubereitung er von den Nymphen gelernt hatte und das er ... in einem Rinderhuf aufzubewahren pflegte.“[56]

Historisch gesichert und inschriftlich bezeugt sind zwei andere Nympholeptiker: Archedamos von Thera und Pantalkes. Besonders aufschlussreich ist der archäologisch gut belegten Fall des Archedamos von Thera (5. Jh. v. Chr.) bzw. des von ihm ausgestalteten Nymphen-Quell-Höhlen-Heiligtumes bei Vari am Berg Hymettos, südöstlich von Athen. An diesem Fall lässt sich vergleichsweise klar nachvollziehen, wie ein Nympholeptiker Orts-Kulte und Heil-Ort-Rituale begründete. Archedamos, dem wohl der größte Teil der Ausgestaltung des Nymphenheiligtums zuzuschreiben ist, hat sich dort sechsmal inschriftlich verewigt. In einer der Inschriften heißt es: „Archedemos von Thera, der Nympholeptiker [ho nymphólep-tos], hat nach den Weisungen der Nymphen diese Grotte ausgestaltet.“ Eine weitere Inschrift lautet: „Archedamos von Thera kultivierte einen Garten für die Nymphen.“ Sowie: „Arched[a]mos von Thera ... vollendete eine Wohnung für die Nymphen.“[57] Die vergleichsweise umfangreiche Ausgestaltung

---

[55] Aus christlicher Sicht ist diese Art von Daimonenverehrung natürlich als Teufelskult anzusehen und dementsprechend abzulehnen. Ganz folgerichtig brandmarkt der Kirchenvater Augustinus die Quellenverehrung und die nympholeptische Weisheit des Numa als teuflischen Dämonenkult, als „Vorspiegelungen der Dämonen“ (civ. 7, 35).

[56] Dodds, E. R.: a.a.O., S. 78.

[57] Die div. Inschriften werden ausführlicher behandelt in: Connor, W. R.: a.a.O., S. 166ff. Vgl. hierzu auch: Otto, W. F.: Die Musen, a.a.O., S. 12f.

der Grotte mit ihrer Quelle, das Anlegen des Nymphengartens, lassen auf eine längere Bearbeitungsdauer schließen. Archedamos wird wohl, von den Nymphen ergriffen und inspiriert, diese Arbeit als eine Art von Lebensaufgabe angesehen haben.[58] Hier hat das Ergriffen-Werden durch einen daimonischen Ort also zu einem lebenslangen, künstlerisch-rituellen Dienst am daimonischen Ort geführt. Es hat dazu geführt, diesen Ort zu einem Kult- und, so darf angenommen werden, auch zu einem Heil-Ort auszugestalten. Also ein äußerst ortsbezogener und heilsam-kreativer nympholeptischer Effekt.

Dass dieser ortsbezogene nympholeptische Effekt keine Einzelerscheinung war, beweisen andere inschriftliche Widmungen. W. R. Connor hat in diesem Zusammenhang auf den Nympholeptiker Pantalkes hingewiesen: „The close link between the nympholept and a specific location is especially evident in the case of Archedamos of Thera ... But it has its analogies in other circumstances as well. For example, the name of a certain Pantalkes was inscribed, probably in the fourth century B. C., on two inscriptions in a cave not far from Pharsalus in Thessaly. One of these ... reads:

Pantalkes dedicated this work to the goddesses;
but Anthippa made the laurel rise up.

Anthippa is probably a nymph, singled out from the goddesses mentioned in the first line of the inscription for special veneration. The laurel presumably grew in a sacred grove, an *alsos* or *kêpos*, near the cave. Although these details remind us of Archedamos' cave at Vari, one of the most important examples of nympholepsy, Pantalkes' cave was shared by many divinities, as the second inscription makes clear:

GOD FORTUNE
Welcome all visitors, each female and male,
men and women, alike boys and girls,

---

[58] Vgl.: Connor, W. R.: a.a.O., S. 167f.

to this place sacred to Nymphs, Pan and Hermes,
to Lord Apollo and Heracles and followers.
This is the cave of Chiron and Asklepios and Hygieia.
To them belong this whole place, and the most sacred things within it,
those that grow and the tablets and dedications and the numerous gifts.
The nymphs made Pantalkes a distinguished man –
The nymphs who tread upon this land, they made him their overseer.
He helped these plants grow and shaped things with his hands;
they in turn gave him strength and arete and power,
with which he struck these stones and built them up.
Apollo and his son Hermes give
health and a good living through all the age.
Pan gives him laughter and fun and a justified hybris;
Chiron granted him to be wise and a poet.
Now go on up with good fortune; sacrifice, all of you:
say your prayers; enjoy yourself. For forgetfulness of all cares
is here and your share of good things, and victory in strife.“[59]

Doch zurück zu Archedamos. Betrachtet man das von ihm ausgestaltete Höhlen- und Quell-Heiligtum eingehender, so zeigt sich, dass hier ein ganz spezieller Ritus vollzogen wurde. Dass dieser Ritus ein Quelltrunk- und Heil-Ritus war, liegt nahe. Ob hierbei auch inkubiert wurde, muss offen bleiben. Betrachtet man sich die Höhle, dann fällt auf, dass sie von Archedamos vergleichsweise umfangreich aus- und umgestaltet wurde. Rechts und links des Höhleneingangs waren damals Inschriften angebracht. Roh behauene Stufen führen noch heute in das Höhleninnere. Unten angekommen befindet man sich im nördlichen Höhlenraum vor einem Löwenkopf und einer den

[59] Connor, W. R.: a.a.O., S. 162f; weitere Beispiele siehe S. 163ff.

Grazien gewidmeten Nische. Zur Rechten weitere Inschriften. Weiter vorne geht man an einem in den Fels geschlagenen Becken vorbei, bis man über künstliche Stufen zum Westende des nördlichen Höhlenraumes, an dem sich früher eine Quelle befand, gelangt. Dort angekommen, befindet sich zur Linken ein enger, künstlich erweiterter Durchgang zum südlichen Höhlenraum. In ihm, der *„highly sacred area“*[60], befinden sich die meisten baulichen Änderungen. Tritt man also in den Südraum und geht nun in ihm zurück Richtung Osten (und damit wieder Richtung Höhleneingang), so ist zuerst zur Linken das in Fels geschlagene Bild des Archedamos zu sehen, gleich daneben ein (wahrscheinlich dem Apollon geweihter) Altar mit zwei künstlichen Vertiefungen für Opfergaben. Gegenüber zieht sich eine aus Steinen aufgeschichtete Mauer zu zwei Drittel quer durch den Raum. An deren Südende befindet sich ein weiterer Altar, mit zwei in den gebogenen Felsboden geschlagenen Simsen. Einer der Simse befindet sich direkt beim Ausgang eines natürlichen Felsspaltes, aus dem früher Quellwasser kam. Man vermutet hier den Nymphenaltar. Am Ostende der südlichen Höhlenhälfte, kurz bevor man wieder in die Nordhälfte und zum Eingang/Ausgang zurückkommt, dominiert eine roh behauene sitzende Figur. Sie wurde direkt aus dem Höhlenfels geschlagen, nach W. F. Otto aus einem Tropfstein.[61] Höchstwahrscheinlich handelt es sich hierbei um eine Nymphe. Rechts von ihr – ebenfalls aus dem Fels geschlagen – eine Art Nabel-Kult-Stein (Omphalos). Links der Nymphenstatue eine unbenannte Nische, hinter ihr eine weitere, dem Pan gewidmete Nische; dazwischen der Durchgang zum Ausstieg, der das Ende des Rundgangs durch die Höhle darstellt.[62]

---

[60] Connor, W. R.: a.a.O., S. 182.

[61] Otto, W. F.: Die Musen, a.a.O., S. 12f.

[62] Vgl. hierzu: Connor, W. R.: a.a.O., S. 180-188; sowie den Grundriss des Höhlenheiligtumes, S. 168.

Archedamos hat die Doppelräumigkeit der Höhle geschickt ausgenutzt und in seine Ausgestaltungen einbezogen. Er hat das, was der natürliche Höhlenraum hier bot, aufgegriffen und schonend zu einem eindrucksvollen Ritualraum umgestaltet. Aufgrund dieses Ritualraums lässt sich heute rekonstruieren, wie das dortige Quellen- und Höhlenritual vollzogen worden sein mag. Die Eingangsstufen lenkten die Schritte des Heilsuchenden erst in die nördliche Hälfte. Dort wird er sich nach und nach auf das Allerheiligste der Südhälfte vorbereitet und eingestimmt haben. Die Quelle und das Quellbecken am Ende der Nordhälfte wird wohl deshalb auch zu rituellen Waschungen und Reinigungen genutzt worden sein. Über die schmale Schwelle hinweg geht dann der Weg in die Südhälfte, in das Allerheiligste des Höhlenheiligtumes. Hier, bei der Nymphenquelle und dem Nymphenaltar wird man gebetet haben, wird aus der Quelle getrunken haben. Doch auch zu den anderen abgebildeten Gottheiten wird man am jeweiligen Ort (vor den Nebenaltären) gebetet haben. Das Gebet mag dem oben zitierten Gebet des Pantalkes geähnelt haben. Womöglich hat man im Allerheiligsten der Höhle bei der Quelle auch inkubiert. Diverse Opfer und Gelübde werden das gesamte Ritual begleitet haben.

6 Baum-Auditions-Mantik

6.1 Allgemeines

In Abschnitt 5.2 habe ich das Faunus-Orakel vorgestellt. Wie erwähnt, ist es nicht nur ein Quell-Orakel, sondern auch ein Hain- bzw. Baum-Orakel. Aus der Tiefe der Haines ergeht nächtens der Orakelspruch an den Inkubierenden. Es waren wohl häufig dunkle und dichte Haine, denen man die Fähigkeit zusprach, dass sich in ihnen und durch sie ein Ortsdaimon, ein Ortsnumen aussprechen konnte. Ovid etwa spricht von einem Wald, dem ein Numen einwohnt („numen inesse loco", am. 3, 1, 1f). Deutlicher ist hier Seneca. Im 41. Brief an Lucilius sagt er: „Wenn du findest einen von alten und über die übliche Größe hinausgewachsenen Bäumen bestandenen Hain, den Anblick des Himmels durch den Wuchs einer den anderen verdeckender Zweige verhindernd – diese Erhabenheit des Waldes, das Geheimnisvolle des Ortes [secretum loci] und die Verwunderung über den in einer offenen Landschaft so dichten und ununterbrochenen Schatten wird in dir den Glauben an göttliches Walten [an das Numinose: numinis] wecken." (Sen. epist. 4, 41, 3).

Es liegt gemäß antiker Ansicht nahe, in solch einen numinosen Wald zu gehen, dort zu inkubieren, mit dem Ortsnumen, der Ortsgottheit in Verbindung zu treten und sich so göttliche Hilfe und göttlichen Beistand zu holen. Einerseits ist hier der Traum-

Zugang von Bedeutung, andererseits, das zeigte vor allem das Faunus-Orakel, geht es aber auch um einen visionären Zugang, genauer: um einen visionär-akustischen bzw. einen auditionären. Ich spreche deshalb von Baum-Auditions-Mantik. Leider ist nicht allzuviel bekannt über diese Art der Mantik. Trotzdem wird man davon ausgehen können, dass sie im einfachen, ländlichen Volksglauben durchaus verbreitet war. Dass aber solche vergleichsweise archaischen Baum-Kulte nur dann ins Bewusstsein der gehobenen Schrift-Kultur-Träger Eingang fanden, wenn sie von überregionaler Bedeutung waren, leuchtet ein. Darin mag der Grund liegen, wieso z. B. das Faunus-Orakel überliefert wurde. Ganz sicher war es aber so bei einem der berühmtesten Orakel der Antike: dem Zeus-Orakel von Dodona.[63]

[63] Zum antiken Baum-Kult siehe auch: Klauser, T.: Baum, in: Reallexikon für Antike und Christentum, hg. v. T. Klauser, Bd. 2, Stuttgart 1954, Sp. 29.

6.2 Zeus-Orakel in Dodona

Das dodonäische Orakel ist eines der ältesten Griechenlands. Allerdings ist es kein Wald-, sondern sozusagen nur ein Ein-Baum-Orakel. Zum dodonäischen Zeus betet schon Achill (Hom. Il. 16, 233ff). Auch die Odyssee kennt sein Heiligtum zu Dodona: „aus hochbewipfelter Eiche spricht dort Zeus“ (Hom. Od. 14, 327f). Der dodonäische Orakel-Kult war engstens mit der heiligen Eiche, die den Mittelpunkt des gesamten Heiligtums bildete, verknüpft. Aus dem Rauschen ihrer Blätter, aus dem Gurren der darin sitzenden Tauben und aus ihrem Flug (vgl. Hdt. 2, 55), aus dem Dröhnen eines im Baum hängenden Beckens, erlauschten die Priester und Priesterinnen den Willen des Zeus.[64] Doch auch das Murmeln einer Quelle und eine Art von Losorakel sollen benützt worden sein. Nach Herodot ist das dodonäische Orakel das älteste Griechenlands (Hdt. 2, 52). Es weist – so auch die heutige Ansicht – weit in prähellenische, pelasgische Zeit zurück.[65] Zeus wurde in Dodona auch Zeus Naios genannt. Ihm zur Seite stand eine Göttin: Dione Naia. Diese Beinamen, denen selbst hohes Alter zuzukommen scheint,[66] lassen es wahrscheinlich erscheinen, dass Zeus hier die Stelle einer Baumnymphe (Dryade) Naia und/oder eines anderen Ortsdaimons mit dem Namen Naios eingenommen hat; eingenommen derart, dass er quasi selbst zu einem Baumgeist und Ortsdaimon geworden ist. Nicht umsonst schreibt Wilamowitz: „er hätte *dendrítes* oder *éndendros* heißen können; man sieht, was ein solcher Baumkult bedeutet.“[67]

---

[64] Vgl. etwa: Fauth, W.: Orakel, in: Der kleine Pauly, Lexikon der Antike, hg. v. K. Ziegler u. W. Sontheimer, Bd. 4, München 1979, Sp. 326.

[65] Fauth, W.: a.a.O., Sp. 325.

[66] Wilamowitz-Moellendorff, U. v.: Der Glaube der Hellenen, Bd.1, Darmstadt 1955^2, S. 223.

[67] Wilamowitz-Moellendorff, U. v.: a.a.O., Bd.1, S. 223.

Zeus ist in Dodona also zum Baumdaimon geworden. Aber natürlich ist er dort trotz allem auch der große und mächtige Olympier, der Berg- und Donnergott. Dodona liegt in einer rauhen Gebirgsgegend in einem Hochtal. Blickt man vom Heiligtum aus nach Südwesten und Westen, wandert der Blick die steilen Abhänge des Berges Tomaros (1972 m) hinauf bis zu seinen schwindelerregenden Höhen. Der Tomaros ist der höchste Berg im weiten Umkreis. An seinem Gipfel befand sich ein Brandopferaltar des Zeus. Zeus wurde in Dodona nicht nur Zeus Naios, sondern auch Zeus Tmarios oder Zeus Tomarias – also Zeus vom Berge Tomaros – genannt. Tomouroi war auch einer der Namen seiner dortigen Orakelpriester.[68] Zeus ist also der am oder auf dem Berg Tomaros wohnende. Dort sammelt er die Wolken, von dort schickt er Blitz, Donner und Regen hinab. Von dort – so darf man annehmen – macht er sich auch auf, um zu seiner heiligen Stätte hinabzueilen und Orakel zu erteilen. Wie ein hangab streichender Wind fährt er nach unten, nimmt im Gipfel seiner heiligen Eiche platz, gibt dort, vor allem im Windesrauschen der Blätter, seinen mächtigen Willen kund. Es wird eine der Hauptaufgaben der Priester und Priesterinnen gewesen sein, die Ankunft des Zeus abzuwarten und dann aus dem Rauschen der Eiche und aus den in einem tranceartigen Zustand vernommenen Stimmen und Weisungen, die sich aus diesem Rauschen heraushören ließen, den Willen des Zeus zu erkunden.

Die dortigen Orakelpriester hießen nicht nur Tomouroi, sondern auch Helloi oder auch Selloi. Sie waren dazu verpflichtet, barfuß zu gehen (Hom. Il. 16, 233-235). Auch Orakelpriesterinnen gab es. Sie trugen den kultischen Namen Peleiades, Tauben.[69] Es war üblich, dass die Orakelsuchenden ihre Frage

---

[68] Vgl.: Meyer, E.: Tomaros, in: Der kleine Pauly, Lexikon der Antike, hg. v. K. Ziegler, W. Sontheimer u. H. Gärtner, Bd. 5, München 1979, Sp. 884.

[69] Fauth, W.: a.a.O., Sp. 326.

auf ein Bleitäfelchen ritzten und es den Priestern und Priesterinnen übergaben. Abgesehen von den Bleitäfelchen und der speziellen Art der Baum-Mantik wird die Befragungspraxis ähnlich wie in Delphi vor sich gegangen sein: Anfrage, Voropfer, Bestimmung des richtigen Zeitpunktes, mantisches Ritual der Orakelpriester und Orakelpriesterinnen, Antwort, Dankopfer. Auch die Fragen, die ans Orakel ergingen, waren durchaus ähnlich: „Da fragte z. B. jemand an, ob das Kind, das seine Frau erwartete, von ihm sei, während ein anderer wissen wollte, ob er sich auf die Viehzucht verlegen solle.“[70]

Der archaische Charakter des dodonäischen Orakelkults und Heiligtums zeigt sich auch an einer architektonischen Besonderheit. Normalerweise versuchten die Griechen bei wichtigen und von alters her überkommenen Kultorten neben dem ortsdaimonischen Kultgegenstand (Quelle, Grotte, Baum, Hain, Fels, etc.) einen Altar und Tempel zu errichten. Sie versuchten also, den altheiligen Ort architektonisch zu gestalten und solcherart mit architektonischen Mitteln zwischen Ortsdaimon und übergreifender olympischer Landschaftsgottheit ein stimmiges Verhältnis herzustellen. Dieser Schritt der architektonischen Gestaltung ließ in Dodona jahrhundertelang auf sich warten. Hier kam es erst sehr spät zu einer architektonischen Lösung. Erst spät wurden dort Altar und Tempel errichtet, die aber niemals eine der Bedeutung des Heiligtums angemessene Gestalt und Größe erreichten. Dodona ist etwas Besonderes: es blieb trotz aller „Olympisierung“ immer archaisch, blieb immer uralter Baum-Kult.[71]

---

[70] Giebel, M.: a.a.O., S. 76.

[71] Vgl.: Mallwitz, A.: Olympia und seine Bauten, Darmstadt 1972, S. 82f.

7 Toten-Mantik

7.1 Allgemeines

Die Toten-Mantik oder Nekromantie war in der Antike eine weit verbreitete Art der Mantik. Sie lässt sich aufgliedern in Hadeskult, Heroenkult, Ahnenkult und Totenmagie. *Hadeskult* ist die allgemeinste Form der Toten-Mantik. Hier wird in Form von Inkubation und in Form von Totenbeschwörung versucht, in Kontakt mit der Unterwelt, dem Reich des Unterweltherrschers Hades und all der dort versammelten Toten zu treten. Die typischen Orte dieses Hadeskultes sind Unterwelteingänge: berühmte Höhlen, Schluchten, Flüsse, Seen, Quellen. Beim *Heroen-Kult* wird meist Inkubation am Grab eines Heros praktiziert. Beim *Ahnenkult* überwiegt die Totenbeschwörung am Familien- und Sippengrab. Und bei der *Totenmagie* werden die Seelen unglückselig Verstorbener oder gewaltsam Getöteter beschworen: der Zweck dieser Beschwörung ist meist Schadens- und/oder Liebeszauber, nicht aber Ahnenkult. Die von mir hier vorgeschlagene Unterscheidung lässt sich freilich nicht bis ins Letzte durchexerzieren. Es gibt zahlreiche Übergänge und Mischformen im Bereich der Toten-Mantik.

7.2 Hadeskult

Zunächst zum Hadeskult. Er fand in der Regel an berühmten Unterwelteingängen statt. Als solch ein Unterwelteingang galt z. B. das bereits besprochene Plutonion von Acharaka bei Nysa am Mänader. Bei Hierapolis am oberen Mäander soll sich ein weiteres Plutonion mit Unterweltzugang befunden haben. Auch im italischen Cumae am Avernersee hat sich eine Totenbefragungsstätte, ein sogenanntes Nekromanteion befunden. Laut Plutarch soll dort auch inkubiert worden sein (cons. ad Apoll. 14). Bis in vorhomerische Zeit soll das berühmte Nekromanteion von Ephyra am Acheron (der ja als einer der Unterweltflüsse galt) zurückreichen. Der Tyrann von Korinth, Periandros, hat hier um 600 v. Chr. den Geist seiner verstorbenen Frau beschwören und befragen lassen.[72] Auch wird dieser Ort mit dem Unterweltab-

---

[72] Es lohnt, den interessanten Bericht Herodots ausführlich zu zitieren: Als Periandros „nach den Thesprotiern, die am Fluß Acheron wohnen, geschickt hatte, um die Seele seiner verstorbenen Gemahlin zu befragen, wo das bei ihm niedergelegte Gut eines seiner Gastfreunde hin sei, war die verstorbene Melissa erschienen und hatte gesagt, sie würde nicht anzeigen, wo die ihm übergebenen Sachen lägen; denn sie müsse frieren und sei nackend. Die Kleider, die ihr mit ins Grab gegeben worden waren, wären ihr nichts nütze, da sie nicht zugleich mit ihr verbrannt wären; und damit Periandros sehen sollte, daß sie die Wahrheit redete, so möchte er das als Merkmal nehmen, daß Periandros Brot in einen kalten Ofen geschoben habe. Als dies Periandros wiedererzählt wurde, erkannte er wohl, daß das Kennzeichen richtig sei; denn er hatte Melissa, als sie schon tot war, zum Beischlaf gebraucht. Sobald er also diese Nachricht bekam, ließ er den Befehl ausgehen, alle korinthischen Weiber sollten in dem Tempel der Hera zusammenkommen; sie erschienen denn alle in ihren schönsten Kleidern, als ob sie zu einem großen Fest gekommen wären. Er hatte aber seine Wachen verborgen aufgestellt, die ihnen allen, den Freigeborenen wie den Sklavinnen, die Kleider ausziehen mußten. Diese Kleider trug er zusammen an das Grab der Melissa und verbrannte sie dort unter einem

stieg des Odysseus in Verbindung gebracht (Hom. Od. 11; Paus. 1, 17, 5). „Neuere Ausgrabungen bestätigen das hohe Alter des Ortes; ein Gebäudeteil wird als mutmaßlicher Inkubationsraum angesehen“.[73]

Ein wichtiger Zugang zum Reich der Verstorbenen war sicherlich die Inkubation, Traum- wie Visions-Inkubation. Damit ist aber bezüglich dieses Hadeskultes noch nicht alles gesagt. Denn ein weiterer wichtiger Zugang war die Totenbeschwörung. Natürlich lässt sich die Totenbeschwörung nicht wirklich von der Inkubation und den mit ihr verbundenen psychischen Zuständen wie Träumen und visionärem Schauen und visionärem Hören trennen. Und doch rückt bei der Totenbeschwörung ein Element in den Vordergrund, das bei den Inkubationsriten doch bestenfalls im Hintergrund leise anklang: ein magisches Element. Vermittels magischer Riten wird hier nämlich versucht, die normalerweise unsichtbaren Totengeister zu sichtbaren Schattengeistern zu verdichten, um sie dann, wenn sie in Erscheinung treten, befragen zu können. Damit sich die Totengeister zu sicht- und hörbaren Schemen verdichten können, benötigen sie gemäß antik-mythischer Ansicht vor allem eines: nämlich warmes Blut von frisch geschlachteten Opfertieren. Dieses Blut gibt den Totengeistern für kurze Zeit Lebenskraft zurück, so dass sie in der Lage sind, sich zu scheinlebendigen Wesen zu verdichten und mit dem Totenbeschwörer zu sprechen.

Von einer solchen magischen Totenbeschwörung erzählt – freilich poetisch überformt und ausgeschmückt – die Odyssee im 11. Buch. Dort wird beschrieben, wie Odysseus an einem Unterwelteingang die Schattenseelen beschwört. Insbesondere will er Kontakt zu dem verstorbenen thebanischen Seher

---

Gebet, das er an sie richtete. Hierauf ließ er abermals den Geist der Melissa befragen, der ihm auch den Ort anzeigte, wo sie die anvertrauten Sachen seines Gastfreundes hingelegt hatte.“ (Hdt. 5, 92).

[73] Wacht, M.: a.a.O., Sp. 211; vgl. auch Sp. 210.

Teiresias aufnehmen. Von ihm erhofft er ein Orakel zu erhalten, einen Hinweis, wie er, nach langer Irrfahrt, wieder in die geliebte Heimat zurückkommen könne:

„Ich ... zog ... mein scharfes Schwert ...,
Warf eine Grube dann aus, eine Elle in Länge und Breite,
Schüttete rund um sie eine Spende für alle die Toten.
Diese bestand zuerst aus Honiggemisch, dann aus süßem
Wein und drittens aus Wasser; zum Schluß noch streute ich Weißmehl.
Oft dann fiel ich aufs Knie vor den kraftlosen Häuptern der Toten,
Sagte, ich werde die beste Kuh, die noch niemals getragen,
Opfern im Hause, das Feuer ernähren mit edelsten Gaben,
Wenn ich [wieder in meine Heimat] nach Ithaka käme, Teiresias würde ich ferner,
Ihm nur allein, das vortrefflichste schwarze Schaf meines Kleinviehs
Opfern. Dann rief ich die Völker der Toten mit Bitten und Beten,
Packte die Tiere und schnitt ihnen über der Grube den Hals ab.
Dunkel dampfend rann da ihr Blut. Aus dem Düster indessen
Kamen in Scharen die Seelen der schon lang gestorbenen Toten.
Bräute kamen und Jünglinge, Greise, die vieles erduldet,
Mädchen in fröhlichem Alter mit frischem Leid im Gemüte,
Viele auch, die es getroffen in Kämpfen der ehernen Speere,
Männer, die fielen im Krieg und blutige Rüstungen trugen:
Zahllose drängten von sämtlichen Seiten heran an die Grube,
Lärmten als sprächen Verzückte; – mich packte das bleiche Entsetzen.

Jetzt aber trieb mein Befehl die Gefährten, sie sollten die Tiere,
Wie sie da lagen, geschlachtet mit fühllosem, ehernem Schwerte,
Häuten und gänzlich verbrennen; die Götter sollten sie bitten,
Hades den Starken und mit ihm die schreckliche Persephoneia.
Ich aber zog indessen mein scharfes Schwert vom Schenkel,
Blieb dann sitzen und ließ der Toten kraftlose Häupter
Nicht an das Blut heran; [den Seher] Teiresias wollt' ich erst hören.
...
Nun aber kam die Seele des Thebaners Teiresias nahe,
Trug einen goldenen Stab und begann, da er gleich mich erkannte:
'Göttersproß, du findiger Sohn des Laertes, Odysseus,
Unglückseliger, warum bist du gekommen? Verließest
Sonne und Licht, um die Toten zu sehn und den Ort ohne Freude?
Tritt von der Grube zurück, nimm weg dieses spitzige Eisen!
Trinken will ich vom Blut und klare Kunde dir geben.'
Sprachs; und ich wich und stieß mein Schwert mit den silbernen Nägeln
Fest in die Scheide. Da trank er zuerst noch vom schwarzen Blute,
Dann aber sprach er wirklich und wörtlich, der treffliche Seher" (Hom. Od. 11, 24-99).

Soviel zum Hadeskult, der sich hier freilich mit dem Heroenkult vermischt. Denn der Seher Teiresias (oder auch Tiresias) ist ein echter Heros. Doch damit bin ich schon beim nächsten Punkt, dem Heroenkult:

7.3 HEROENKULT

Zunächst zum Begriff des Heros: „Einzelnen hervorragenden Personen wurden nach ihrem Tode heroische Ehren zuerkannt. Besonders häufig wurden Städtegründer heroisiert. Galten doch alle Heroen als Menschen, die wirklich gelebt hatten und nach dem Tod eine besondere Kraft besaßen. ... Eine kollektive Heroisierung wurde den im Krieg Gefallenen zuteil."[74]

Doch nicht nur Städtegründer, auch berühmte Krieger und Seher und Iatromantiker wurden nach ihrem Tod heroisiert. Z. B. eben Seher wie Teiresias, aber auch Seher wie Amphiaraos, Amphilochos, Mopsos, Kalchas, um einige Namen zu nennen. Die Nähe von Hadeskult und Heroenkult zeigte sich schon bei der Teiresias-Anrufung des Odysseus.

Teiresias, einer der legendärsten Seher der Antike hatte eigene Orakelstätten. Eine davon befand sich beim boiotischen Haliartos an der Quelle Tilphusa. Dort soll der Seher, nachdem er aus der Quelle getrunken hatte, gestorben sein. Also ein Fall von Quell-Entrückung. Auch sein Grab wurde dort gezeigt (Paus. 9, 33, 1). Ein weiteres Inkubationsorakel hatte Teiresias im boiotischen Orchomenos. Wie Plutarch mitteilt, soll dieser Ort jedoch später seine daimonische Kraft verloren haben, das Orakel soll verstummt sein (def. orac. 44).

An der gleichen Stelle berichtet Plutarch von dem Inkubationsorakel am Grab des heroisierten Sehers Amphilochos zu Mallos in Kilikien. In Mallos soll sich sogar noch ein zweites Heroen-Orakel befunden haben, das des Sehers Mopsos. Ein skeptischer Statthalter von Kilikien wollte das Mopsos-Orakel prüfen. Er schickte einen Boten mit einem versiegelten Bleitäfelchen zum Orakel. Auf dem Bleitäfelchen hatte er eine

---

[74] Geisau, H. v.: Heroenkult, in: Der kleine Pauly, Lexikon der Antike, hg. v. K. Ziegler u. W. Sontheimer, Bd. 2, München 1979, Sp. 1104.

Frage eingeritzt, die aber nur er wusste, niemand sonst. Der Bote „brachte darauf, wie es Sitte ist, die Nacht im Tempel zu und hatte im Schlaf folgenden Traum, den er bei Tag erzählte: ein schöner Mann sei zu ihm getreten und habe ihm bloß die Worte: *Einen schwarzen!* zugerufen, dann aber sogleich sich entfernt. Dies kam uns wunderlich vor, da wir nicht wussten, was wir daraus machen sollten, der Statthalter aber erschrak darüber, fiel betend zur Erde, und zeigte uns, nachdem er die Tafel geöffnet, die darin enthaltene Frage: *Soll ich dir einen weißen oder einen schwarzen Stier opfern?*" (def. orac. 45).[75]

Toten-Mantik als Heroenkult wurde also vor allem an Gräbern verstorbener berühmter Seher und Iatromantiker praktiziert. Man war der Ansicht, dass solche Seher – die ja schon zu Lebzeiten hervorragende Vermittler zwischen der Menschenwelt und der Welt der Götter und Geister waren – diese Fähigkeit nach ihrem Tode weiterhin behielten. Häufig knüpfte sich auch ein Entrückungsmythos an ihre Grabstätte.

Eines der berühmten Heroengräber war das des legendären argivischen Sehers und Helden Amphiaraos. Amphiaraos soll seine Sehergabe durch Inkubation erlangt haben. Wie Pausanias mitteilt, soll er in Phlius in der Argolis in einem mantischen Haus (oîkos mantikós; wohl einem Inkubationshaus) übernachtet und hier seine Initiation zum Seher erlangt haben (2, 13, 7).

Der Entrückungsmythos berichtet Folgendes: Amphiaraos zieht notgedrungenermaßen in einen Krieg, dessen unglücklichen Ausgang er schon längst vorausgesehen hatte. Am Ende des entscheidenden Kampfes flieht er mit seinem Pferdegespann vor den Siegern. Bevor er jedoch vom Speer der Feinde in den Rücken getroffen wird, „spaltete Zeus mit dem allgewaltigen Blitz / die tiefbrüstige Erde und begrub ihn mitsamt den Rossen" (Pind. N. 9, 24f.). Dort bei Theben soll Amphiaraos, von Zeus in einen unsterblichen Heros verwandelt, in der Erde wohnen und

[75] Vgl. hierzu auch: Wacht, M.: a.a.O., Sp. 186f

den zu ihm pilgernden ratsuchenden Inkubierenden helfen. Laut Herodot wurde das Amphiaraos-Orakel bei Theben bereits von König Kroisos und, zur Zeit der Perserkriege, von einem Boten des Mardonios aufgesucht (Hdt. 1, 46; 1, 50; 8, 134). Später wurde die Amphiaraos-Kultstätte ins attische Oropos verlegt. Man erhob nun den Anspruch, Amphiaraos befinde sich in Oropos unter der Erde.

Über den dortigen Tempel – dem, wie Ausgrabungen ergaben, eine 110 m lange offene Inkubationshalle zur Seite stand[76] – und den mit ihm verbundenen Inkubationskult weiß Pausanias zu erzählen: „Die Oropier haben einen Tempel des Amphiaraos und eine Kultstatue aus Marmor. ... In Oropos ist aber auch eine Quelle in der Nähe des Tempels, die sie Amphiaraosquelle nennen; sie opfern ihr nichts und halten es nicht für erlaubt, sie für Reinigungen oder als Weihwasser zu benutzen. Wenn aber jemand aufgrund des Orakels von einer Krankheit genesen ist, wirft er ein silbernes oder goldenes Geldstück in die Quelle, denn hier soll Amphiaraos bereits als Gott aufgetaucht sein ... Ich glaube, daß Amphiaraos sich besonders der Traumdeutung widmete; dafür spricht, daß er, als er als Gott anerkannt war, ein Orakel durch Träume einrichtete. Und zuerst muß sich derjenige reinigen, der gekommen ist, um Amphiaraos zu befragen, und die Reinigung besteht in einem Opfer an den Gott. Man opfert aber ihm und allen, deren Namen auf dem Altar verzeichnet sind. Nachdem dies zunächst ausgeführt worden ist, opfert man einen Widder, breitet das Fell aus und schläft darauf in Erwartung der Traumoffenbarung“ (Paus. 1, 34, 3-5).

Als Dankesopfer waren neben den bereits erwähnten Geldopfern, die man in die Amphiaraosquelle warf, unter anderem auch Votivgaben von nachgebildeten Körpergliedern üblich. Weitere

[76] Vgl.: Wacht, M.: a.a.O., Sp. 185.

Heilstätten des Amphiaraos befanden sich in Rhamnus und Byzanz.[77]

[77] Vgl.: Wacht, M.: a.a.O., Sp. 185.

7.4 Ahnenkult

Spezieller, lokal eingegrenzter als der Hadeskult zeigte sich der Heroenkult. Noch spezieller und lokal eingeschränkter als der Heroenkult ist nun seinerseits der Ahnenkult. Ahnenkult ist Familienkult. Er konzentriert sich vor allem auf den Umkreis des Hauses und der Grabstätte eines Familiengeschlechtes. Platon schreibt im Dialog „Nomoi“ (717a-b) an oberster Stelle stünde die Verehrung der olympischen Götter, dann die der Schutzgötter der Stadt, dann die unterirdischen Götter. „Nach diesen Göttern wird der Verständige wohl auch den Daimonen seine Verehrung erweisen und nach ihnen den Heroen. Darauf dürften die privaten Heiligtümer für die Familiengötter folgen“. Mit Familiengöttern meint Platon die heroisierten und daimonisierten Verstorbenen der Familie. Für Platon, der hier aus der Perspektive eines philosophischen Staatsmannes denkt, ist es klar, dass die „nationalen“ und städtischen Götter die wichtigeren sind. Im Volkskult dagegen herrscht im Prinzip eine umgedrehte Reihenfolge vor: die Ahnengeister und Familiengötter stehen hier an erster Stelle. Denn die heroisierten Ahnen sind es, die am unmittelbarsten über das Familienheil wachen. Sie sind die Schutz- und Segensgeister der Familie. Wo sie ihren Segen entziehen, ist das Geschlecht von Unfruchtbarkeit und Unglück, von Irrungen und Verblendungen, von Verhängnis und Krankheit bedroht. Deshalb ist es absolut wichtig, verstorbene Familienangehörige standesgemäß rituell zu bestatten, ihnen sowohl am heimischen Herd als auch an der Grabstätte zu opfern, zu ihnen zu beten, sie gnädig zu stimmen und ihnen das Ihrige zukommen zu lassen.

Wo es nicht zu einer standesgemäßen Bestattung kommt, besteht die Gefahr, dass der Geist des Verstorbenen zu einem unheilvollen Wiedergänger und/oder zu einem ruhelosen und lästigen Gespenst wird. Die Römer, die auch hierfür eindeutigere Begriffe als die Griechen geprägt haben, sprachen dann von einer „Larva“ und unterschieden sie von den „Lares Familiares“, den „haushütenden, guten Familiengeistern“. Deutlich hat Apuleius (125 - ca. 180 n. Chr.) in seiner Schrift „De deo Socratis“ auf diese Zusammenhänge hingewiesen. Dort bespricht er – freilich aus einem platonisierend-wertenden Blickwinkel heraus – die gängigen Geister- und Seelenvorstellungen seiner Zeit: „In einer zweiten Bedeutung gehört zur Gattung der Dämonen auch die menschliche Seele, die sich von ihrem Körper lossagt, nachdem sie den Kriegsdienst des Lebens abgeleistet hat [d. h. nachdem der Mensch gestorben ist]. Diese Seele finde ich im alten Latein häufig als ‚Lemur‘ bezeichnet. Unter ebendiesen Lemuren nun gibt es einige, denen die Sorge um ihre Nachkommen zugefallen ist und die mit versöhntem und friedlichem Walten das Haus bewohnen: Sie nennt man die ‚Laren der Familie‘. Andere wiederum finden wegen der Missetaten, die sie im irdischen Leben begingen, keine Ruhestatt und müssen zur Strafe wie in einer Art von Exil unstet umherirren als Schreckgespenster, die für gute Menschen harmlos, für schlechte hingegen höchst bedrohlich sind: Diese Art bezeichnet man gemeinhin als ‚Larven‘. Wenn es aber unsicher ist, welches Los einem jeden von ihnen zuteil wurde, ob es sich also um einen ‚Lar‘ oder eine ‚Larva‘ handelt, dann gibt man ihm den Namen eines ‚Manengottes‘.“ (Apul. deo Socr. 152f).[78]

Plinius der Jüngere (61/62-112 n. Chr.) berichtet in seinen Briefen von solch einer Larva. Bei der von Plinius erwähnten Larva handelte es sich aber nicht um eine aufgrund von früheren Missetaten zum „Umherspuken“ verurteilte Menschenseele. Diese Menschenseele fand deshalb keine Ruhe, weil sie nicht rechtmäßig bestattet wurde. Das Haus, in dem der Wiedergänger spukte, stand in Athen. Der Philosoph Athenodoros, so schreibt

[78] Zit. nach: Apuleius: De deo Socratis – Der Schutzgeist des Sokrates, hg., eingel. u. übers. v. M. Bingenheimer, Frankfurt a. M. 1993. Die Einleitung von Bingenheimer enthält eine durchaus empfehlenswerte und sehr differenzierte Darstellung des antiken Daimonenglaubens.

Plinius, hatte dieses Spukhaus, da es sonst keiner haben wollte, günstig erworben. In der ersten Nacht, die er dort verbrachte, versuchte Athenodoros nun herauszufinden, was es mit den Spukgeschichten auf sich habe. „Sobald es anfing zu dunkeln, ließ er sich im vordersten Teil des Hauses ein Lager bereiten und verlangte Schreibtafel, Griffel und Licht. Alle die Seinigen schickte er in die inneren Räume; er selbst war mit Gedanken, Augen und Hand ganz beim Schreiben, damit sich nicht sein unbeschäftigter Geist Gespenster, von denen man gesprochen hatte, und nichtige Ausgeburten der Furcht vorstelle. Anfangs herrschte nächtliche Stille wie überall; dann klirrte Eisen, rasselten Ketten. Er blickte nicht auf, ließ den Griffel nicht sinken, sondern blieb fest und verschloß sein Ohr vor den Geräuschen. Dann verstärkte sich das Getöse, kam näher, und es klang, als sei es schon an der Schwelle, ja schon innerhalb des Zimmers. Er wandte sich um, da erblickte und erkannte er die Gestalt, von der ihm erzählt worden war. Sie stand da und winkte mit dem Finger, als wolle sie ihn rufen. ... Ohne Zögern hob er die Lampe in die Höhe und folgte ... Die Gestalt ging langsamen Schritts, als drückten sie die Fesseln. Nachdem sie in den Hof des Hauses eingebogen war, entschwand sie plötzlich und ließ ihren Begleiter allein. Darauf pflückte er Gräser und Blätter und legte sie an dieser Stelle als Erkennungszeichen nieder." Am nächsten Tag ließ Athenodoros von den Behörden an dieser Stelle graben. Man fand ein mit Ketten umwickeltes Skelett. Nach der ordentlichen Beisetzung desselben endete der Spuk (Plin. epist. 7, 27, 5ff).

Diese Episode zeigt, dass es von einiger Bedeutung ist, ob und wie die Familienmitglieder bestattet werden. Die Geister der ordnungsgemäß bestatteten und kultisch verehrten Familienmitglieder werden einem den Ahnendienst vielfältig vergelten. Sie bewirken, dass der „Haussegen" („Haussegen" hier im weitesten Sinne aufgefasst) nicht schief hängt. Doch auch selbst wenn dies einmal der Fall sein sollte, helfen sie. Sie sind mit die wichtigsten Nothelfer der Familie. Bei Unglück und Unfruchtbarkeit, bei Krankheit und Existenzkrisen, bei schweren und diffizilen Entscheidungen kann man bei ihnen Rat holen. Man kann dann etwa am Grab inkubieren und/oder aber – und das scheint das übliche Verfahren gewesen zu sein – man kann am Familiengrab einen Ahnengeist beschwören, um sich bei ihm Rat zu holen.

Es gibt eine Stelle in der aischyleischen Tragödie „Die Perser“, die von solch einer ratsuchenden Totenbeschwörung handelt. Sie spielt zwar im Perserreich, spiegelt aber ziemlich getreu die griechischen Vorstellungen von einer ahnenkultischen Totenbeschwörung wieder.[79] Die Szene spielt in der persischen Hauptstadt Susa. Atossa, die Frau des verstorbenen Perserkönigs Dareios, erfährt durch einen Boten von der vernichtenden Niederlage ihres Sohnes Xerxes gegen die Griechen in der Seeschlacht bei Salamis. Zwar sei ihr Sohn und ein geringer Teil seines Heeres noch am Leben, die persische Heeresmacht sei aber, militärisch wie moralisch, am Boden zerstört. Tiefbetrübt wartet Atossa auf ihren zurückkehrenden Sohn. In ihrer Verzweiflung geht sie zum Grabmahl ihres verstorbenen Gatten, um dort den unterirdischen Mächten zu opfern, auf dass die unglücksbringenden Schicksalsmächte besänftigt werden und in Zukunft dem Königshause ein besseres Schicksal blühen möge (Aischyl. Pers. 522-526). Als Toten- und Sühneopfer bringt sie folgende Dinge mit: Milch „von heiliger Kuh“, Honig, Quellwasser, ungemischten Wein „wie ihn die wilde Mutter bringt“, Oliven und zum Kranz gewundene Blumen „der alltragenden Erde“ (611-618). Hierauf spricht Atossa:

„Drum, Freunde, stimmt zur Spende für die Toten hier
Nun fromme Lieder an und ruft den Daimon des
Dareios uns herauf; der Erd indes zum Trank
Bring ich den Guß den unterirdschen Göttern dar“ (619-622).

---

[79] Vgl.: Zintzen, C.: a.a.O., Sp. 972.

Der Chor antwortet ihr darauf:

„Frau Königin, Hoheit des Perserlands,
Sende du nun den Guß in der Erde Gemach,
Indes wir in frommen Gesängen erflehn
Ein gnädig Geleit
Von den Führern der Toten in der Erde!
Der Unterwelt Daimonen [chthónioi daímones], ihr
heiligen, hört:
Du, Erde [gê], du, Hermes, du, Totenfürst,
O sendet von drunten die Seele [psychèn] zum Licht!
Wenn fürs Unheil er noch Heilung weiß,
Tut er nur das Ende des Leids kund!

Ob er uns hört, er, unser hoch-
seliger, daimonenähnlicher [isodaímon] Herr,
... ?
All des Jammers Leid
Will ich hinabschrein:
...
Heiße du mir Erd und die sonst
Führer der Unterirdischen [chthoníon] ihr seid,
Den ruhmvollen Schutzgeist [daímona]
Heraufkommen aus Grabes Haus,
Persiens susaentstammten Gott [theón]!
Schick den Mann empor,
Wie noch keinen
Persiens Erde geborgen!“ (623-646).

Und dann, nach dem Ende des Chorgesanges, erscheint das *eídolon*, das Schattenbild des Dareios und erteilt seiner Gemahlin die ersehnten Ratschläge.

Das Beispiel der Beschwörung des toten Perserkönigs Dareios zeigt deutlich, wo die positiven Aspekte des Ahnenkultes liegen: der tote Ahn ist Fürsprecher für die Seinen bei den Göttern, er ist, als heroisiert, daimonisiert, vergöttlicht, selbst in gewisser Weise ein Gott, ein Familiengott, wie Platon oben sagte.[80] An ihm hängt das Heil und der Fortbestand der Familie.

---

[80] Gerade in den ältesten religiösen Vorstellungen der Römer hat sich der Standpunkt des Daimonen- und Ahnenkultes gut gehalten. Hier gab es die Vorstellung von den eigentlichen Seelenwesen der Verstorbenen, den Manes, Lemures und Larvae. Hier gab es auch die Vorstellung des Genius, der der griechischen Vorstellung von psyché und Daimon sehr nahe kommt: „Den Seelenwesen nahe verwandt sind die Genii, die Vertreter der Lebens- und Zeugekraft des Mannes, und die ihnen in ihrem Wesen völlig entsprechenden Junones der Frauen. Bei der Geburt gehen sie in den Menschen ein, beim Tode scheiden sie aus demselben aus; dann werden sie zu Manen, und gerade wie die Seelen der Verstorbenen selbst stellt man sich die Genien in Schlangengestalt vor. Zugleich ist aber der Genius und die Juno eine als Schutzgeist verehrte Gottheit im Menschen, bei der geschworen wird, und der man am Geburtstag ein Opfer darbringt. Von dieser Vorstellung eines persönlich gedachten, zeugekräftigen Schutzgeistes ausgehend, hat man später auch der Familie, der Stadt, dem Staate und zuletzt jeder beliebigen Örtlichkeit, wo sich eine schaffende Tätigkeit zeigen konnte, Genien beigelegt und sie dadurch geradezu zu Vertretern eigentlicher Naturdämonen gemacht. Als redendes Abzeichen der genialis copia führt der Genius in bildlicher Darstellung gewöhnlich ein Füllhorn im Arm." Steuding, H.: Griechische und römische Mythologie, Leipzig 1905[3], S. 118f. Hier wurzelt auch die Vorstellung von den Lares und dem Lar familiaris, dem heroisierten Haus- und Schutzgeist einer Familie: „Eine ähnliche Mittelstellung wie diese Genien nehmen die ihnen als Ortsgottheiten wesensverwandten Lares ein, die als Schutzgeister der Äcker, Weinberge, Wege und Haine sowie des Hauses selbst galten, zugleich aber durch mancherlei dem Totenkult durchaus ähnliche Bräuche verehrt wurden. In älterer Zeit ist nur von einem einzelnen Lar familiaris, der Herd und Haus behütet und vertritt, die Rede; ... bei jeder Mahlzeit, besonders aber an den Kalenden, Nonen, Iden und bei allen Familienfesten brachte ihnen die Hausfrau oder die Schaffnerin ein wenig Speise und einen frischen Kranz dar." Steuding, H.: a.a.O., S. 119.

Er ist es, der als Schützer des Fortbestandes der Familie dafür sorgt, dass die Familie unsterblich wird. Nicht unsterblich im (nachmythisch-religiösen) Sinne individueller Unsterblichkeit, sondern unsterblich in dem (zutiefst mythischen) Sinne, dass sich die Familie aufgrund des fruchtbringenden Segens des Ahnengeistes, der hier nichts anderes ist, als der Vermittler des Segens der Erdgöttin; dass sich also die Familie aufgrund des chthonischen Segens durch immer und immer neue Geburten und Nachkommen regeneriere und somit auf natürlich-lebendige Art und Weise als Sippe unsterblich sei. Deshalb geht die Perserkönigin Atossa in dem Moment, als sie erfährt, dass der Fortbestand und das Heil ihrer Familie auf der Kippe steht, an das Grab ihres Gatten. Sie vollzieht ein Totenopfer. Sie beschwört ihn, um ihn nach der Zukunft zu befragen, um ihn zu befragen, was sie, die Lebenden, tun sollen, um den Fluch, den ihr Sohn Xerxes durch unheilbeschwörendes, götterfeindliches Handeln auf das Geschlecht geladen hat, zu entsühnen (787ff).

Spätestens an dieser Stelle zeigt sich dann auch, dass für den antiken Griechen die Totenspende des Odysseus am Hadeseingang mehr war als eine märchenhafte, rein phantastische Episode. Es war nämlich genau das, was er selbst, nicht nur bei der Bestattung eines verstorbenen Familienangehörigen, sondern in Form der regelmäßigen, immer wiederkehrenden Totenpflege, tut und immer wieder tun wird: die fundamental-religiöse Praxis

---

Was die Griechen betrifft, schreibt Rohde: „Bei freierer Ausbildung wären wohl die Seelen der Hausväter zu der Würde mächtig waltender Geister des Hauses, unter dessen Heerde sie ehemals zur Ruhe bestattet wurden, gesteigert worden. [Zur Bestattung im Haus in frühesten Zeiten vgl.: Plat. Min. 315d]. Aber die Griechen haben nichts, was dem italischen Lar familiaris völlig entspräche. Am nächsten kommt diesem noch der ‚gute Dämon' [agathòs daímon], den das griechische Haus verehrte. Seine ursprüngliche Natur als einer zum guten Geist seines Hauses gewordenen Seele eines Hausvaters ist bei genauerem Zusehen noch erkennbar; aber die Griechen hatten dies vergessen." Rohde, E.: Psyche, Bd. 1, a.a.O., S. 254.

des Ahnenkultes. Er vollführt immer wieder die Totenspende und das Blutopfer für die Ahnenseelen; auch er beschwört seine Ahnen, um bei ihnen Rat und Hilfe zu finden, um einen hilfreichen und heilsamen Hinweis für die Zukunft zu erhalten.

Erwin Rohde hat das Wesentliche dieses ursprünglichen und für die antike Volksreligion so bedeutenden Kultes gut zusammengefasst. Er lohnt, ihn zu zitieren: „Dieser ganze Cult, sinnlich wie er war, beruht auf der Voraussetzung, die auch bisweilen laut wird, dass die Seele des Todten sinnlichen Genusses der dargebrachten Gaben fähig und bedürftig sei. Sie ist auch sinnlicher Wahrnehmung nicht beraubt. Aus dem Grabe hervor hat sie noch Empfindung von den Vorgängen in dessen Nähe, es ist nicht gut, ihre Aufmerksamkeit zu erregen, besser thut man, schweigend an Gräbern vorüber zu gehen. Um die Gräber, die Stätte ihres Cultus, dachte sich das Volk, nach einem bekannten Worte des Platon [Phaid. 81cf], die Seelen der Verstorbenen flattern und schweben; die Bilder der attischen Salbgefässe illustriren diesen Glauben, indem sie die Seelen der Todten um das Grabmal fliegend darstellen, durch das winzige Maass dieser Flügelgestalten aber zugleich deren etwas widerspruchsvolle unkörperliche Körperlichkeit und ihre Unsichtbarkeit für irdische Augen andeuten. Bisweilen werden auch die Seelen sichtbar, am liebsten, gleich den unterirdischen Göttern und den Heroen, in Schlangengestalt. Sie sind auch nicht unbedingt an die Umgebung des Grabes gefesselt. Bisweilen kehren sie in ihre alten Wohnstätten, unter die Lebenden zurück, auch ausser jenen Seelentagen im Anthesterion. Auch die Griechen kannten den Brauch, zu Boden Gefallenes nicht aufzuheben, sondern es den im Hause umirrenden Seelen zum Raub zu überlassen. ... Man bringt den Seelen Opfer, wie den Göttern und Heroen auch, weil man in ihnen unsichtbar Mächtige sieht, eine besondere Art der ‚Seligen', wie man schon im fünften Jahrhundert die Verstorbenen nannte. Man will sie gnädig stimmen, oder auch ihren leicht gereizten

Zorn abwenden. Man hofft auf ihre Hilfe in aller Noth; ganz besonders aber, glaubt man, können sie, ähnlich den chthonischen Göttern, in deren Reich sie eingegangen sind, dem Ackerbau Segen bringen und bei dem Eintritt einer neuen Seele in das Leben förderlich sein. Daher den Seelen der Vorfahren bei der Hochzeit Trankopfer dargebracht werden."[81]

---

[81] Rohde, E.: Psyche, Bd. 1, a.a.O., S. 243–247.

7.5 Totenmagie

Ich kommen nun noch kurz zur letzten Form der Toten-Mantik: zur Totenmagie. Sie ist eine Verfallserscheinung des Heroen- und Ahnenkultes. Sie wird erst dann möglich, wenn die traditionalen und familialen Bindungen und Bezüge so weit gelockert sind, dass nicht mehr das gemeinschaftliche (und meist auch regional und lokal gebundene) Heil, sondern nur noch der individuelle Vorteil von Interesse ist. Oft sind es niedere, rein egoistische Regungen, die zur Totenmagie motivieren: Regungen wie Eifersucht, Neid, Hass, Gier, Macht- und Gewaltausübungslust. Totenmagie ist engstens mit Schadens- und Liebeszauber verbunden.

Ein spätes griechisches, in römische Verhältnisse hineinspielendes Beispiel mag eine Vorstellung von solch einer verkommenen Toten-Mantik vermitteln. Es ist das Beispiel eines zum abergläubisch-magischen Privatkult abgesunkenen Liebeszauber, der sich anonymer, gewaltsam gestorbener „Heroen" bedient, um die eigenen, egoistisch motivierten und von Hass durchsetzten Wünsche magisch zu erzwingen. Der Zauberpapyrus, dem dieses Beispiel entnommen wurde, ist wie folgt überschrieben: „Herbeiführender Liebeszauber mit Hilfe von toten Massenkämpfern (‚Heroen') oder Gladiatoren oder sonst gewaltsam Getöteten." Die Zauberhandlung soll folgendermaßen ausgeführt werden: „Laß von dem Brot, das du issest, ein weniges übrig, zerbrich es und mach es zu sieben Brocken und geh dahin, wo Heroen erschlagen wurden, Gladiatoren und [gewaltsam] Getötete, sprich das Gebet über die Brocken, wirf sie hin und heb Unrat auf von dem Orte, wo du agierst, und wirf ihn hinein zu der, die du begehrst; dann geh weg und leg dich schlafen. Das Gebet, das über die Brocken gesprochen wird, lautet: ‚Des Schicksals, der Not, des Neidzaubers Göttinnen, der Pest, dem Neid und den vorzeitig Gestorbenen, gewaltsam Getöteten sende ich Nahrung. Dreiköpfige, Nächtliche,

Kotfresserin, Jungfrau, schlüsselhaltende Persephessa, des Tartaros Jungfrau mit Gorgonen-Blick, Schreckliche, mit Feuer und Schlangen gegürtete Tochter: der NN hat die Reste seiner Nahrung mit Tränen vermischt und bittern Seufzern, auf daß ihr ihm nützet, der in Qualen liegt, Heroen unseligen Geschickes [héroes atycheîs], die ihr an diesem Orte festgehalten werdet, nachdem ihr das Licht durch verschiedene Schicksale verlassen: nützet dem NN, der in seinem Herzen leidet um der NN willen, der Frevlen und Gottlosen. Führet sie darum her, gepeinigt, in aller Schnelle (Zauberworte) ... und du Herrin Kotfresserin (Zauberworte). [O]morka Ereschigal (Zauberwort), sende die Erinys (Zauberwort), die die Seelen der Gestorbenen mit Feuer weckt, ihr Heroen unseligen Geschicks und Heroinnen unseligen Schicksals, die ihr an diesem Orte, an diesem Tage, in dieser Stunde seid, ihr auf myrrhenöl-duftenden Särgen: erhöret mich und weckt die NN auf in dieser Nacht und raubet ihr den süßen Schlaf von den Augenlidern und gebt ihr verhaßte Sorge, furchtbare Traurigkeit und Aufsuchen meiner Spuren und Wunsch meiner Wünsche, bis sie tut, was ihr von mir befohlen wird. Herrin Hekate, (Zauberworte) ..., Wegegöttin, schwarze Hündin".[82]

[82] Antike Zaubersprüche, hg. u. übers. v. A. Önnerfors, Stuttgart 1991, S. 36-39.

NACHWORT: NATURMANTIK HEUTE?

Ich sprach in der Einleitung davon, dass die Naturmantik heute wieder eine gewisse Aktualität besitze und dass sie sich – gerade wegen ihrer Erfahrungsbetontheit, Eigendynamik und Einfachheit – vergleichsweise gut in unsere Jetztzeit integrieren und dort im Rahmen von Naturerfahrungspraktiken, Naturheil- und Psychotherapieverfahren zum Einsatz bringen lasse. Ich konnte diesen Punkt in der Einleitung nicht weiter ausführen. Dies hätte vom Hauptthema des Buches zu sehr abgelenkt. Hier aber, im Nachwort, soll der Ort sein, noch etwas zum Thema „Naturmantik heute" zu sagen.

Bemerkenswert ist z. B., dass seit einigen Jahren Wissenschaftler und Wissenschaftlerinnen sich mit Naturmantik und naturmantischen Praktiken auseinandersetzen. Und zwar in den verschiedensten wissenschaftlichen Disziplinen. Etwa auf dem Gebiet der (etwas unglücklich benannten) „kognitiven Archäologie".[83] Oder auf dem Gebiet der Schamanismusforschung, der „Ethnomedizin" und „Ethnotherapie".[84] Oder auch auf dem Gebiet der „Naturphilosophischen Praxis".[85]

---

[83] Vgl. hierzu die div. Aufsätze „kognitiver Archäologen" im Hagia-Chora-Heft „Archäologie des Unsichtbaren" in: Hagia Chora 12/13/2002.

[84] Vgl. etwa: Goodman, F.: Trance, der uralte Weg zum religiösen Erleben – Rituelle Körperhaltungen und ekstatische Erlebnisse, Gütersloh 1992 (Felicitas Goodman spricht in ihrem Buch S. 45ff von

Der Psychologe und Schamanismusforscher Holger Kalweit arbeitet mit einer „Dunkeltherapie“: er begleitet und betreut Menschen, die sich, um ihr wahres Selbst zu finden und Heilung zu erlangen, für mehrere Tage und Nächte in eine Höhle zurückziehen, dort sozusagen Höhlen-Exerzitien betreiben.[86] Und der Kult-Ort-Forscher Paul Devereux praktiziert u. a. mit Versuchsgruppen Inkubation an heiligen Stätten.[87] Ein ausgefeiltes und höchst praktikables therapeutisches Visionssuche-Verfahren haben die Psychologen Steven Foster und Meredith Little entwickelt und angewandt.[88] Die von den Kulturanthropologen Michael Harner und Felicitas Goodmann begründeten

---

„psychologischer Archäologie“: zweifelsfrei ein angemessener Begriff als „kognitive Archäologie“); Foster, S. u. Little, M.: Der heilige Berg, Handbuch für den Übergangsritus der Vision Quest, München 1992; Harner, M.: Der Weg des Schamanen, Ein praktischer Führer zu innerer Heilkraft, Hamburg 1996; vgl. auch die div. Publikationen der Harner-Schüler Tom Cowan, Sandra Ingerman, Paul Uccusic u. a. sowie die von Harner gegründete „Foundation for Shamanic Studies“; vgl. auch die Vereinigung „Ethnomed – Institut für Ethnomedizin“ bzw. die Publikationen derselben.

[85] Vgl.: Falter, R.: Natur neu denken: Erfahrung, Bedeutung, Sinn – Grundlagen naturphilosophischer Praxis, Klein Jasedow 2003; und: Kozljanič, R. J.: Freundschaft mit der Natur – Naturphilosophische Praxis und Tiefenökologie, Klein Jasedow 2004.

[86] Vgl. z. B.: Kalweit, H.: Urheiler, Medizinleute und Schamanen – Die Wiederkehr archaischer Lebenstherapie, München 1992; sowie sein demnächst erscheinendes Buch: „Naturtherapie – Initiationsreise zur Erdmutter“.

[87] Vgl. z. B.: Devereux, P.: Schamanische Traumpfade, Geheimnisvolle Spuren in der Landschaft und außerkörperliche Erfahrungen, Aarau 2001.

[88] Foster, S. u. Little, M.: a.a.O; vgl. auch das Buch der Foster/Little-Schüler: Koch-Weser, S. u. Lüpke, G. v.: Vision Quest – Visionssuche: allein in der Wildnis auf dem Weg zu sich selbst, Kreuzlingen, München 2000.

Schulen benützen neoschamanistische Trance-Techniken unter anderem auch zu naturmantischen Zwecken.[89]

Selbstverständlich ist bei diesen Neuansätzen nicht alles Gold, was glänzt. Doch das ist für jede Art von Neuansatz ganz normal. Und freilich bleibt auch hier die Arbeit nicht erspart, die Spreu vom Weizen zu trennen. Um einige Probleme zu nennen: meines Erachtens wird der Selbst-Verwirklichungs-Problematik meist ein zu hoher Stellenwert beigemessen. Dies kann dann dazu führen, dass vor lauter Selbst-Verwirklichung die Natur-Verwirklichung bzw. die Naturerfahrung zu kurz kommt.

Ein anderes Problem ist der oft unkritische und ausufernde Einsatz von Gruppen-Psycho-Techniken. Gruppendynamik und Gruppenprozesse müssen dann (ungünstigstenfalls) für das herhalten, was man selbst nicht erreicht hat: Natur-Fühlung. Salopp und zugespitzt formuliert: anstatt in der Natur zu brüten, kocht man im eigenen Saft.

Ein anderes Problem ist die Befangenheit in Bewusstsein-Theorien. Man spricht viel über Bewusstsein und Bewusstseinszustände und vergisst dabei gern, dass Natur alles andere ist als ein Bewusstseinszustand. Natur ist doch viel eher so etwas wie ein Was-von-sich-aus-schon-immer-da-ist: etwas zutiefst Unbewusstes, das viel mit Leben, Erleben und Erfahren, wenig aber mit Bewusst-Sein, Bewusst-Haben, Bewusst-Machen zu tun hat.

Auch das unterschwellige Liebäugeln mancher der hier vorgestellten Neuansätze mit asiatischen Erlösungs- und Weltüberwindungs-Religionen – v. a. mit buddhistischer, teilweise aber auch mit jüdisch-christlicher Geist-Mystik – ist höchst verhängnisvoll: es verkennt schon im Ansatz, dass Naturmantik nicht Erlösung und Weltüberwindung, sondern Heil und Heilung für *diese* Gemeinschaft, *dieses* Leben und *diese*

---

[89] Vgl. z. B. das Buch des Harner-Schülers : Cowan, T.: Schamanismus, Eine Einführung in die tägliche Praxis, Kreuzlingen 1997, v. a. das Kapitel über die Ortsgeister, S. 139ff.

Welt sucht. Naturmantik ist welthaltig, nicht weltflüchtig, weltimmanent, nicht transzendent. Mit einem Wort: Naturmantik ist mythisch, nicht mystisch. Das ist ein feiner, aber wichtiger Unterschied, den es erst einmal zu begreifen gälte.

Man kann über naturmantische Erfahrungen vergleichsweise klar sprechen und anschaulich Auskunft geben. Es ist hier nicht nötig, Zuflucht zu geistig-sublimen Mystizismen, Allegorien und Gleichnissen zu nehmen oder andauernd Erfahrungen zu beschwören, die sich nicht sprachlich vermitteln lassen. Auch bedarf es weder eines all-einen, all-mächtigen, all-umfassenden, all-bewussten, all-etc. Hinterwelt-Gottes noch eines vermittelnden Priester-Gurus.

Definitiv nicht mystisch, sondern zutiefst mythisch ist der sogenannte Schamanismus, der aber in vielen der Neuansätzen leider zum Modewort zu verkommen droht. Zu verkommen droht deshalb, weil man ihn vorschnell mystifiziert und durch geistige All-Einheits-Ekstase-Konzepte zu erklären versucht, anstatt zunächst einmal seine mythisch-rituelle und leibseelisch-sinnliche Erfahrungsdimension klar in den Blick zu bekommen. Polemisch gesagt: vorgestern war der Hinduismus, gestern der Zenbuddhismus, heute ist der Schamanismus modern. Noch bevor man verstanden hat, was das eine Modewort eigentlich meinte und welches Potenzial tatsächlich in ihm liegen könnte, hangelt man sich zum nächsten und übernächsten Modewort weiter. Vorgestern musste man eine Atman-Erfahrung vorweisen, um sich erleuchtet fühlen zu können, gestern eine Satori-Erfahrung und heute muss man, um Erleuchtung zu finden, zu monotonen Trommelklängen eine schamanische Reise visualisieren. Dass aber Schamanismus nicht das geringste mit Erleuchtung, sehr viel jedoch mit daimonischer Besessenheit zu tun hat, wird gern übersehen.[90] Ein Schamane ist kein Brahma-

---

[90] Nicht umsonst definiert einer der besten Kenner des nordeurasischen Schamanentums, Hans Findeisen, den Schamanen als einen „Besessen-

ne, kein Zen-Mönch und kein christlicher Mystiker. Er „arbeitet“ auf einer völlig anderen „Baustelle“, mit völlig anderen Mitteln und völlig anderen Zielen: das gälte es erst einmal zu begreifen.

Auch will hierzulande kaum jemand zur Kenntnis nehmen, dass in naturreligiösen Traditionen die wenigsten Menschen *gern* Schamanen werden, weil dort jeder weiß, welche Gefahren und Qualen mit solch einer Berufung verbunden sind. Bei uns aber will fast jeder, der sich dafür interessiert, auch sofort Schamane werden. Andererseits landen bei uns viele, die in naturreligiösen Traditionen durchaus als Berufene gelten würden, in der Psychiatrie, weil unserer Zivilisation jegliche Form des produktiven und regenerativen Umgangs mit Besessenheitsphänomenen abhanden gekommen ist.

Doch all das ist typisch für uns und unsere Zivilisation. Anstatt sich mit klaren und naheliegenden religiösen Phänomenen zu beschäftigen, rutscht man vorschnell in allzu eingängige, aber völlig abgehobene geistige Einheits- und Einerleiheits-Konzepte ab. Gerade deshalb mag es gut sein, sich theoretisch wie praktisch mit der „erdigen“ Naturmantik der Griechen und Römer zu beschäftigen. Denn dort liegen viele unserer eingefleischten Missverständnisse und Vorurteile noch nicht oder noch kaum vor. Und genau das ermöglicht einen freieren Blick, einen Blick, der uns sonst – aufgrund unserer über zweitausendjährigen abendländischen, logos-metaphysischen Macht-und-Gehirnwäsche-Tradition – oftmals verstellt ist.

Wir müssen nicht unbedingt nach Asien gehen, um dort Wurzeln, die womöglich gar nicht die unseren sind, zu suchen. Kein Buddhismus und auch kein sibirischer, tibetischer, indianischer oder afrikanischer Schamanismus hilft uns hier weiter, *solange* wir nicht selbst wieder Zugang zu unseren eigenen mythischen Traditionen gefunden haben. Denn unsere Wurzeln liegen im abendländischen Mythos und nicht im

---

heitspriester“; vgl.: Findeisen, H. u. Gehrts, H.: Die Schamanen,

morgenländischen. Und erst recht nicht liegen sie im mythos-überwindenden und wurzel-abschneidenden abendländischen Logos. Solange wir nicht wissen, was dieser Logos unterdrückt und verdrängt, solange werden wir keinen Zugang zu unserem Mythos finden.

Man kann also einiges von der Naturmantik der alten Griechen und Römer, von ihren Heil-Ort-Ritualen lernen. Nicht zuletzt und ganz konkret, dass und wie Natur-Orte heilen können. Oder wie Erfahrungen der heiligen Natur möglich sind und dass solche Erfahrungen immer auch ein heilsames Potenzial in sich bergen. Oder ganz einfach: dass man auch heute noch inkubieren kann. Ja: Inkubation – was spricht eigentlich dagegen?

München 1996[4], S. 20ff.

LITERATUR

Antike Zaubersprüche, hg. u. übers. v. A. Önnerfors, Stuttgart 1991.

Bingenheimer, M.: Einleitung, in: Apuleius: De deo Socratis – Der Schutzgeist des Sokrates, hg. u. übers. v. M. Bingenheimer, Frankfurt a. M. 1993.

Birt, T.: Genius, in: Ausführliches Lexikon der griechischen und römischen Mythologie, hg. v. W. H. Roscher, Bd. I, 2, Leipzig 1886-1890.

Connor, W. R.: Seized by the Nymphs: Nympholepsy and the Symbolic Expression in Classical Greece, in: Classical Antiquity 1988/2.

Der Arzt im Altertum, Griechische und lateinische Quellenstücke von Hippokrates bis Galen, hg. u. übers. v. W. Müri, München, Zürich 1986^{5}.

Dodds, E. R.: Die Griechen und das Irrationale, Darmstadt 1970.

Duerr, H. P.: Traumzeit, Über die Grenze zwischen Wildnis und Zivilisation, Frankfurt a.M. 1985.

Eliade, M.: Schamanismus und archaische Ekstasetechnik, Frankfurt a. M. 1975.

Fabian, K.-D.: Trophonios, in: Der kleine Pauly, Lexikon der Antike, hg. v. K. Ziegler, W. Sontheimer u. H. Gärtner, Bd. 5, München 1979.

Falter, R.: Ins Wasser geschaut, Die Praxis der Wassermantik von der Antike bis heute, Teil 1, in: Hagia Chora 15/2003.

Fauth, W.: Orakel, in: Der kleine Pauly, Lexikon der Antike, hg. v. K. Ziegler u. W. Sontheimer, Bd. 4, München 1979.

Findeisen, H. u. Gehrts, H.: Die Schamanen, München 1996^{4}.

Geisau, H. v.: Heroenkult, in: Der kleine Pauly, Lexikon der Antike, hg. v. K. Ziegler u. W. Sontheimer, Bd. 2, München 1979.

Giebel, M.: Das Orakel von Delphi, Geschichte und Texte, Stuttgart 2001.
Kaibel: Epigrammata Graeca, Berlin 1878.
Klauser, T.: Baum, in: Reallexikon für Antike und Christentum, hg. v. T. Klauser, Bd. 2, Stuttgart 1954.
Koller, H.: Musik und Dichtung im alten Griechenland, Bern 1963.
Kozljanič, R. J.: Der Geist eines Ortes – Kulturgeschichte und Phänomenologie des Genius Loci, München 2004.
Kozljanič, R. J.: Freundschaft mit der Natur – Naturphilosophische Praxis und Tiefenökologie, Klein Jasedow 2004.
Kozljanič, R. J.: Kunst und Mythos, Oldenburg 2001.
Mallwitz, A.: Olympia und seine Bauten, Darmstadt 1972.
Meier, C. A.: Antike Inkubation und moderne Psychotherapie, Zürich 1949.
Meyer, E.: Tomaros, in: Der kleine Pauly, Lexikon der Antike, hg. v. K. Ziegler, W. Sontheimer u. H. Gärtner, Bd. 5, München 1979.
Müri, W. (Hg.): Der Arzt im Altertum, Griechische und lateinische Quellenstücke von Hippokrates bis Galen, Zürich 1986[5].
Muthmann, F.: Mutter und Quelle, Studien zur Quellverehrung im Altertum und im Mittelalter, Basel 1975.
Nebel, G.: Heilung in Epidauros, in: Merian 6/1983.
Önnerfors, A. (Hg.): Antike Zaubersprüche, Stuttgart 1991.
Otto, W. F.: Die Götter Griechenlands, Frankfurt a. M. 1987[8].
Otto, W. F.: Die Musen und der göttliche Ursprung des Singens und Sagens, Darmstadt 1956[2].
Pauli, L.: Die Alpen in Frühzeit und Mittelalter, München 1981[2].
Pfister, F.: Daimonismos, in: Paulys Real-Encyclopädie der classischen Altertumswissenschaft, neu bearb. u. hg. v. W. Kroll u. K. Mittelhaus, Supplementbd. VII, Stuttgart 1940.
Pfister, F.: Numen, in: Paulys Real-Encyclopädie der classischen Altertumswissenschaft, neu bearb. u. hg. v. W. Kroll, Bd. XVII, 2, Stuttgart 1937.
Rohde, E.: Psyche, Seelencult und Unsterblichkeitsglaube der Griechen, 2 Bde., Tübingen 1921[7].
Rühle: Inkubation, in: Handwörterbuch des deutschen Aberglaubens, hg. v. H. Bächthold-Stäubli, Bd. 4, Berlin, New York 2000[3], (unveränd. fotomech. Nachdr. d. Erstausg. Berlin, Leipzig 1935).
Steuding, H.: Griechische und römische Mythologie, Leipzig 1905[3].

Wacht, M.: Inkubation, in: Reallexikon für Antike und Christentum, hg. v. E. Dassmann, Bd. 18, Stuttgart 1998.
Weisgerber, G.: Das Pilgerheiligtum des Apollo und der Sirona von Hochscheid im Hunsrück, Bonn 1975.
Wilamowitz-Moellendorff, U. v.: Der Glaube der Hellenen, 2 Bde., Darmstadt 1955².
Zintzen, C.: Mantik, Mantis, in: Der kleine Pauly, Lexikon der Antike, hg. v. K. Ziegler u. W. Sontheimer, Bd. 3, München 1979.

Bitte beachten Sie die weiteren Reihen und Titel unseres im Aufbau begriffenen Verlagsprogramms:

Reihe Naturreligion und Mythologie:

- Robert Josef Kozljanič: Antike Heil-Ort-Rituale – Traumorakel, Visionssuche und Naturmantik bei den Griechen und Römern. (Erschienen)
- Hymnen an antike Gottheiten – Ein Gebetbuch für naturreligiöse Menschen. Zusammengestellt, erläutert u. hg. v. L. Lohenstein. (Erscheint vorauss. 10/2004)
- Plutarch: Warum die Orakel schweigen. Mit einem Nachwort versehen u. hg. v. R. J. Kozljanič. (In Vorbereitung)
- Lothar Lohenstein: Einführung in die germanische Mythologie. (Geplant)
- Häuptling Seattle, Indianerprophet Smohalla: Ihre Reden. Gemäß den ersten schriftlichen Aufzeichnungen. (Geplant)
- Charles A. Eastman (Ohiyesa): Die Seele des Indianers. Ein Sioux-Indianer berichtet über Glauben und Sitten seines Volkes. (Geplant)

Reihe Kulturgeschichte:

- Robert Josef Kozljanič: Der Geist eines Ortes – Kulturgeschichte und Phänomenologie des Genius Loci. 1. Band: Antike – Mittelalter. (Erschienen)
- Robert Josef Kozljanič: Der Geist eines Ortes – Kulturgeschichte und Phänomenologie des Genius Loci. 2. Band: Neuzeit – Gegenwart. (Erschienen)

- Robert Josef Kozljanič: Gaia – Kulturgeschichte der Mutter Erde. (In Vorbereitung)

Reihe Volkskunde und Volksglaube:

- Paracelsus: Liber de nymphis, Buch über Nymphen und andere Elementargeister. (In Bearbeitung)
- Johannes Praetorius: Blockes-Berges-Verrichtung. Von unheimlichen Orten, Hexen, Werwölfen und anderen Sagengestalten. (In Vorbereitung)
- Karl Freiherr von Leoprechting: Aus dem Lechrain. Zur deutschen Sitten- und Sagenkunde. Teil 1: Erzählungen aus dem Volk. (In Vorbereitung)
- Karl Freiherr von Leoprechting: Aus dem Lechrain. Zur deutschen Sitten- und Sagenkunde. Teil 2: Das Bauernjahr. (In Vorbereitung)

Reihe Lebensphilosophie:

- Friedrich Schlegel: Vorlesungen über die Philosophie des Lebens. Mit Einführung, kommentierter Bibliografie und Zeittafel hg. u. ausgew. v. R. J. Kozljanič. (Erscheint vorauss. 10/2004)
- Theodor Lessing: Prinzipien der Charakterologie. Mit Einführung, kommentierter Bibliografie und Zeittafel hg. v. R. J. Kozljanič. (Geplant)
- Georg Simmel: Die Transzendenz des Lebens. Henri Bergson. Mit Einführung, kommentierter Bibliografie und Zeittafel hg. u. ausgew. v. R. J. Kozljanič. (Geplant)
- Max Scheler: Versuche einer Philosophie des Lebens: Nietzsche – Dilthey – Bergson. Mit Einführung, kommentierter Bibliografie und Zeittafel hg. u. ausgew. v. R. J. Kozljanič. (Geplant)

- Jahrbücher für Lebensphilosophie. Hg. v. R. J. Kozljanič. (Das erste Jahrbuch erscheint vorauss. 1/2005)

Reihe romantische Dichter und Denker:

- Carl Gustav Carus: Briefe über Landschaftsmalerei. (In Bearbeitung)
- Georg Friedrich Daumer: Göttermutter oder Muttergottes? Religionsphilosophische und mythologische Schriften. (In Vorbereitung)
- Gotthilf Heinrich von Schubert: Symbolik des Traumes. (Geplant)
- Romantische Gedichte an die göttliche Natur. Ein weiteres Gebetbuch für naturreligiöse Menschen. Zusammengestellt, erläutert u. hg. v. L. Lohenstein. (Geplant)

ALBVNEA VERLAG MVENCHEN

Seldeneckstr. 18
D-81243 München
Tel.: ++49/(0)89/877165
www.albunea.de
info@albunea.de